Carola Adler
„Kleidung des Mittelalters selbst anfertigen – Gewandungen der Wikinger"

8. Auflage 2024

Text: Carola Adler
Illustrationen: Kay Elzner
Lektorat: Stephan Naguschewski
Satz und Layout: Martin-Christoph Schneider (Glorienschein GbR)
Kreativdirektion: Christian Schmal
Herstellung: Tara Moritzen
Druck und Bindung: Dardedze hologrāfija SIA, Riga

Printed in Latvia
ISBN 978-3-938922-44-6
www.zauberfeder.de

Hinweis:

Das vorliegende Buch ist sorgfältig erarbeitet worden. Dennoch erfolgen alle Angaben ohne Gewähr.

Autoren und Verlag bzw. dessen Beauftragte können für eventuelle Personen-, Sach- oder Vermögensschäden keine Haftung übernehmen.

Die abgebildeten Schnittmuster und Anleitungen sind Hilfen zur Erstellung einer individuellen Gewandung aus der Wikingerzeit. Sie sind angelehnt an historische Funde und Darstellungen, aber unter modernen Gesichtspunkten in Bezug auf Schnitt und Größe, Material und Verarbeitung dargestellt. Daher wird kein Anspruch auf Authentizität erhoben.

Sie sind geeignet für Näherinnen, die bereits Näherfahrungen mit Schnitten der heutigen Mode haben.

Alle Angaben sind in Zentimeter, ohne Naht- und Saumzugaben. Die Maßtabellen enthalten Richtwerte und müssen individuell angepasst werden.

Kleidung des Mittelalters selbst anfertigen

Gewandungen der Wikinger

für Torge und Hagen

Zauberfeder

Inhalt

Einleitung

Die Zeit der Wikinger übt heutzutage eine große Faszination auf die Menschen aus. Die Kampfeslust und Sinnesfreude der Nordmänner, ihr Geschick als Händler und Handwerker, eine Vielzahl an Göttern sowie eine Welt voller Magie – es ist für jeden etwas dabei. Entsprechend wenig verwundert es, dass sich immer mehr Menschen zu den Wikingermärkten und -veranstaltungen hingezogen fühlen und den Wunsch verspüren, Teil dieser Welt zu werden, und sei es nur für ein Wochenende. Meist bleibt es bei dem Wunsch, da der Materialaufwand enorm ist und nicht jeder das Glück hat, an der Hand von bereits teilnehmenden Freunden oder Bekannten in diese neue alte Welt eingeführt zu werden. Am einfachsten ist es, auf einem Markt Kontakt zu knüpfen oder über das Internet schon existente Sippen anzusprechen. Doch für beide Varianten wird zumindest eine Gewandungsgrundausrüstung benötigt. Dieses Buch soll dabei helfen, eine historisch orientierte outdoortaugliche Gewandung herzustellen.

In der Kunst der Wikinger gibt es wenig menschliche Darstellungen, und auch ihre schriftlichen Aufzeichnungen waren spärlich und bieten wenige Hinweise auf Aussehen oder Kleidung. Die archäologischen Textilfunde sind zahlreich, aber leider oft nur fragmentarisch vorhanden und daher stark interpretationsbedürftig. Während Metall und Stein in der Erde recht gut konserviert werden, sind Gewebe meist so stark in Mitleidenschaft gezogen, dass über die ursprüngliche Verwendung nur spekuliert werden kann. Zwar sind in den Korrosionsprodukten von metallenen Fibeln oder Gürtelschnallen oft winzige Gewebespuren konserviert, diese lassen aber höchstens auf das verwendete Material schließen, nicht jedoch auf die Form, die die Gewandung hatte. Einige Rekonstruktionen von Gewandungen beziehen sich auf die Lage von metallenen Knöpfen, Fibeln etc., die zum Schließen oder Zusammenhalten von Stoffen gedient haben mögen. Anhand ihrer Lage an oder bei dem Toten lassen sich Rückschlüsse auf mögliche Gewandungsformen ziehen.

Schwierig ist die Rekonstruktion auch, weil weder Geschichtsschreiber noch Bildhauer, Maler o. ä. Künstler eine Gewandung mit den Augen eines Schneiders gesehen und Näherinnen keine Dokumentationen ihrer Alltagsarbeit angefertigt haben. Die Informationen über außergewöhnliche Ereignisse, wie den Besuch eines Königs, sind immer umfangreicher als die über die Feldarbeit eines Bauern. Das ist heutzutage auch noch so, wie man an der Unmenge von Klatschillustrierten an einem beliebigen Kiosk sehen kann.

Früher änderte sich die Art der Bekleidung in einer Region nur langsam. In der Archäologie wird statt der Bezeichnung „Kleidung" der Begriff „Tracht" benutzt, welcher die Beständigkeit besser kennzeichnet. Während in ländlichen Gemeinschaften mit wenig Kontakt zur Umwelt Kleidungsstile über einen sehr langen Zeitraum kaum variierten, war in den großen Handelsstädten wie Ribe oder Haithabu zumindest ein Einfluss der Mode ferner Länder erkennbar.

Es ist also möglich und sinnvoll, Textilfunde auch im Hinblick auf Funde in norddeutschen Mooren, z. B. Damendorf oder Thorsberg, die aus der Zeit vor den Wikingern datieren, oder Funde aus dem grönländischen Eis bei Herjolfness, die eher aus späterer Zeit datieren, einzuordnen und so vorhandene Informationsbruchstücke zu komplettieren. Auch Erkenntnisse über die Kleidung an weit entfernten Orten wie Byzanz oder Russland, die über den Seeweg die Handelsstädte der Wikinger erreicht haben, können zum Verständnis der Funde beitragen.

Aus den Berichten zeitgenössischer Chronisten, die die Nordlande bereisten, wie z. B. des arabischen Diplomaten Ibn Fadlan oder des Bremer Klerikers und Theologen Adam von Bremen, stammen weitere Erkenntnisse über Aussehen und Lebensgewohnheiten der Wikinger, mit denen sich die archäologischen Funde besser einordnen lassen.

Vieles ist Interpretationssache und wird im Wandel der Zeit und durch neue Erkenntnisse verändert. Selbst Experten sind sich uneins über zahlreiche Fragen, ob z. B. die Schalenfibeln an Frauenüberkleidern brustbetonend getragen wurden, ob die Kleider offen oder geschlossen waren oder ob sie überhaupt Kleider waren und nicht vielmehr so etwas wie rockähnliche Schleppen.

Da nur wohlhabende bis reiche Personen in aufwendigen Gräbern beigesetzt wurden, ist fraglich, inwiefern Grabfunde exemplarisch für diese Zeit gewesen sein können. Kleidung orientierte sich früher noch viel mehr als heute an Stand und Vermögen einer Person und war nicht nur Zierrat, sondern beglaubigte den Träger auch in seinem Beruf und in seinen Rechten. Daher geben die Grabfunde lediglich Aufschluss über das Aussehen einer Oberschicht, während die untere Bevölkerungsschicht und die Sklaven darin nicht repräsentiert werden.

Als im Hafen von Haithabu 1979/80 bei Ausgrabungen Klumpen von Textilien entdeckt wurden, die nach ihrer Verwendung als Bekleidung im Schiffshandwerk weitere Verwendung als Teerquasten oder Lappen fanden, glich dies einer Sensation. Hier handelte es sich endlich einmal um Textilien, die tatsächlich im Alltag so lange getragen worden waren, bis ihr Besitzer sie überlebt hatte. Interessant bei den Funden in Haithabu ist vor allem die bereits vorliegende Zuschneidetechnik. Die Kleidungsstücke waren körperbetont durch ihren Zuschnitt und den Einsatz von Abnähern. Im Gegensatz dazu stehen die weit geschnittenen Kleidungsstücke, deren grobe Form auf dem Webstuhl entstanden war und die man bis dahin mit den Wikingern in Verbindung gebracht hatte.

Auf heutigen Wikingermärkten ist eine große Vielfalt an Gewandungen zu finden, die mehr oder weniger auf historischen Interpretationen basieren. Vieles davon ist aufs Sorgfältigste recherchiert und mit großer Kunstfertigkeit umgesetzt, so dass der Besucher einen guten Einblick in den Alltag der Wikinger bekommt. Ebenso ist die Wikingerdarstellung im Live-Rollenspiel einer der wenigen Bereiche, in denen historische Vorgaben eine große Rolle spielen und die Akteure mehr auf den reichhaltigen Fundus der Geschichte als auf die Welt der Fantasie zurückgreifen.

Als es also darum ging, eine Auswahl an interessanten Gewandungstypen für dieses Buch zu treffen, waren die Vorlieben der Darsteller auf den nordeuropäischen Wikinger-Veranstaltungen ein Orientierungspunkt, ein weiterer war der offizielle Zeitraum der Wikingerzeit von 793 bis 1066 n. Chr. und ein dritter die Herkunft der Gewandung aus den ursprünglichen Gebieten der Wikinger. Dadurch wurden einige Gewandungsteile ausgeschlossen, die zwar heute auf den Märkten getragen werden, aber genau genommen von der Datierung her eher in die Eisenzeit gehören oder stilistisch gesehen aus dem Orient kommen. Natürlich gibt es dabei auch Ausnahmen, wie z. B. die Thorsberghose, die aus dem 3. Jahrhundert stammt, aber deutliche Parallelen zu einem Fund in Haithabu aufweist. Dagegen werden z. B. Kittel aus der Eisenzeit nicht dargestellt, obwohl sie sicherlich in der Wikingerzeit auch noch getragen wurden.

Einige Gewandungen wurden aufgenommen, obwohl es keine oder nur sehr vage Hinweise (z. B. stilisierte Abbildungen auf Runensteinen) auf ihre tatsächliche Existenz gibt. Es handelt sich dabei um Gewandungen, die sich einer großen Beliebtheit bei den Darstellern erfreuen und deshalb einfach dazugehören.

Dieses Buch will und kann keinen Anspruch auf historische Authentizität erheben. Es geht vielmehr darum, Wikingerdarstellern das Anfertigen ihrer Gewandung zu erleichtern, um die Vielfältigkeit und das bunte Bild auf den Märkten zu erhalten. Mit den Hinweisen auf verwendbare Stoffe und mögliche Nahtverbindungen ist es für Nähanfänger mit ein wenig Erfahrung in der Modenäherei möglich, eine haltbare sommer- oder winterfähige Kleidung herzustellen. Das Umsetzen der Schnittmuster erfordert zwar etwas Geschick und vor allem Geduld, aber der Erfolg kommt spätestens beim Abstecken.

Die Basisschnittmuster können miteinander kombiniert und durch das Einsetzen von Keilen etc. individuell verändert werden, je nach gewünschter Form und Stilrichtung. Viele Kombinationen sind möglich, je nachdem, wie es dem Träger gefällt und wie es in die dargestellte Zeit und Region passt. Ob ihr einen Skalden, Hetman, Sklaven, Handwerker, eine Seherin, eine Bauersfrau oder eine reiche Händlerin spielen wollt, die Schnitte lassen sich durch ihre Details und die Auswahl des Materials und der verwendeten Verzierungen an den jeweiligen Stereotyp anpassen.

Geschichte der Wikinger

Als die Schiffsbesatzung eines norwegischen Langschiffes auf dem Sandstrand der englischen Insel Lindisfarne (Holy Island) anlandete, ahnte keines ihrer Mitglieder, dass dieser Tag in die Geschichte eingehen sollte. Die bärtigen Riesen aus dem hohen Norden, die mit nackten Beinen und die Namen ihrer Götter brüllend die Mauern des Klosters

Lindisfarne stürmten, mussten den dortigen Mönchen wie leibhaftige Dämonen vorkommen. Sie verwüsteten die Insel und das Kloster, raubten, mordeten und plünderten. Blitzschnell ging dieser Überfall vonstatten, und bereits nach wenigen Stunden verließen die Fremden mit reicher Beute an goldenen Reliquien und Sklaven die Insel wieder. Wie ein Spuk verschwanden die Schiffe, und zurück blieb ein Trümmerfeld. Die Norweger begaben sich mit ihrer Beute auf den Weg in die Heimat und erzählten von dem leicht verdienten Gold und ihren Heldentaten.

Dieses war zwar nicht der erste bekannte Überfall der Piraten des Nordens, aber er zählt als Beginn einer 300 Jahre andauernden Heimsuchung, der Wikingerzeit.

Das Wort „Wikinger" stammt vermutlich von den Begriffen „fara i viking" („auf Viking fahren") oder auch „i vikingu" („auf Beutefahrt") ab. „Vikingr" wurden die Männer genannt, die auf Beutefahrt fuhren. Die ursprüngliche Entstehung des Wortes „Viking" ist jedoch ungeklärt. In zeitgenössischen und späteren Beschreibungen von nichtskandinavischen Chronisten wurden den Wikingern viele weitere Namen gegeben. Sie wurden Barbaren, Piraten, Heiden, Normannen, Seeräuber oder auch einfach nur Dänen genannt. Sie landeten an den Küsten der zum Wasser hin ungeschützten Städte und Siedlungen, unsichtbar für die Bewohner, kreisten die Städte ein und verschwanden innerhalb kürzester Zeit mit reicher Beute.

Der Überfall auf das Kloster bildete den Anfang einer endlosen Kette von Raubzügen, die die Wikinger an die Küsten Englands, Irlands, Frankreichs, aber auch Spaniens, Russlands und der Ukraine brachten. Das Kloster Lindisfarne sollte in den kommenden Jahren noch so oft von den Langbooten der Wikinger überfallen werden, dass es im Jahre 875 zunächst aufgegeben wurde und der Bischof Eardulf und seine Mönche die Insel verließen. Vermutlich hat eine ganze Reihe von Tatsachen dazu geführt, dass so viele Skandinavier sich an den Wikingfahrten beteiligten. In Norwegen und auch in Schweden sind Ruderboote ein wichtiges Transportmittel, und in Ländern, die von Fjorden und Seen durchzogen sind und deren Bevölkerung vorwiegend an den Küsten wohnt, mag das Boot ein wichtigeres Fortbewegungsmittel als z.B. ein Ochsenkarren gewesen sein. Als dann Segel für diese Boote entwickelt und sie somit hochseetauglich wurden, waren die kriegerischen Raubzüge nicht mehr nur auf das Heimatgebiet beschränkt, sondern auch die entfernten reichen christlichen Länder konnten „besucht" werden. Die Schiffe waren wendig und schnell und hatten so wenig Tiefgang, dass sie imstande waren, selbst flache Flüsse zu befahren.

Die erbeuteten Schätze brachten die Beutefahrer nach Skandinavien, wo bald Handelsmetropolen wie Ribe (Dänemark), Haithabu (Schleswig-Holstein) und Birka (Schweden) entstanden. Dort nahm der Handel in den Rest der Welt zu, Handelsbeziehungen wurden aufgenommen, die Städte wuchsen, und bald waren die Wikinger nicht mehr nur als Beutefahrer, sondern auch als gewitzte Händler bekannt. In den Städten wurde alles vertrieben, was das Herz begehrte: Felle und Bernstein aus dem Norden, Seide und Brokat aus dem Osten. Weine, Gewürze, Sklaven, Waffen – es gab wenig, womit nicht gehandelt wurde. Da in einem Großteil Nordeuropas eine einheitliche Sprache, das Altnordische, gesprochen wurde, war eine gute Basis für einen breiten Handel gegeben.

Aber nicht für alle Wikinger war die Beutefahrt der Lebensinhalt. Im Laufe der nächsten Jahrhunderte wurden Island, Grönland sowie Teile von Russland, England, Frankreich (Normandie) und Irland von Wikingern besiedelt. Zum Teil erfolgte dieses friedlich, häufig wurde das Land aber auch erst von nordischen Heeren erobert. Im Laufe der Jahrzehnte gab es erbitterte Kämpfe zwischen den nordischen Herrschern und ihren jeweiligen Verbündeten und dem Rest der Welt.

Als das Ende der Wikingerzeit wird für gewöhnlich das Jahr 1066 gesetzt, in dem der Norweger Harald der Harte mit seiner Englandinvasion scheiterte und der normannische Herzog Wilhelm der Eroberer wenig später bei der Schlacht bei Hastings England eroberte. Zu dieser Zeit hatten die Beutezüge stark nachgelassen, die nordischen Herrscher hatten sich politisch den europäischen Regimes angeschlossen, die Wikinger hatten Odin und Thor abgeschworen und waren christianisiert worden.

Aber ihre Beutefahrten, ihr Expansionsdrang, der Mut und die Unverfrorenheit, mit der sie alle bis dahin geltenden Regeln von Handel, Landnahme, Besiedelung etc. auf den Kopf gestellt hatten, machten sie legendär und unvergessen.

Aussehen und Bekleidung der Wikinger

Die Wikinger sind nach zeitgenössischen Berichten „groß wie Dattelbäume" und „mit einem vollkommenen Körperbau" gesegnet gewesen (Ibn Fadlan). Nach Skelettmessungen betrug die durchschnittliche Größe eines Nordmannes 174 cm, das war immerhin einen halben Kopf größer als ein zeitgenössischer Europäer und einen ganzen Kopf größer als ein Araber dieser Epoche. Haupthaar und Bärte waren wohl meist blond oder rot, wie es auch heute noch in Skandinavien Tendenz ist, ihre Haut gebräunt in einem schönen Goldton.

Die Wikinger schmückten sich gern mit Ketten aus Glasperlen, Bernstein oder Halbedelsteinen. Ihre Kleidung wurde mit einfachen Fibeln aus Bronze oder auch fein gearbeiteten aus Gold oder Silber zusammengehalten. In den Gräbern fanden sich sowohl bei den Männern als auch bei den Frauen silberne Halsringe, die wohl auch als Zahlungsmittel dienten. Die Ledergürtel hatten Metallschnallen zum Verschließen und Metallenden als Zierrat. An den Gürteln wurden persönliche Utensilien oder auch Schlüssel getragen.

Die unterste Schicht der Sklaven, der Armen und der Unfreien trug vermutlich nur die nötigste Bekleidung. Ein Kleidungsstück aus grober, ungefärbter Wolle mit einem weiten Schnitt, der das Arbeiten erleichterte und dankbar zu vergrößern, zu verkleinern und zu flicken war, mochte da genügt haben. Glücklich konnte sich wohl schätzen, wer das abgelegte, häufig geflickte und gestopfte Gewand eines wohlhabenden Händlers ergattern konnte. In ländlichen Gebieten hat sich vermutlich auch die germanische Kleidung, deren rechteckige Formen bereits auf dem Webstuhl entstanden und die dann nur noch zusammengenäht wurde, noch lange gehalten.

An den Beinen trug ein Wikingermann zum Beispiel wollene Gamaschen oder auch Langstrümpfe, die bis zu den Knien oder sogar bis zur Mitte der Oberschenkel gingen. Befestigt wurden die langen Gamaschen mit Lederbändern. Auch lange wollene Hosen mit eng anliegenden Beinen und einem weiten Gesäßteil wurden getragen. Wickelgamaschen, mit Bändern gebunden oder mit kleinen Haken zusammengehalten (ähnlich wie bei einem Verband), sorgten für besseren Halt und gaben im Winter zusätzliche Wärme. Ob diese Beinbekleidung Fußteile hatte oder nicht, ist ungeklärt, in Funden der Eisenzeit gab es beides. Vielleicht hing dies aber auch davon ab, wem die Beinlinge gehörten. Für einen Ruderer, der mit seinen Füßen immer in den Pfützen im Bootsrumpf stand und der durch Wasser waten musste, um das Boot am Strand festzumachen, dürften Fußteile ziemlich hinderlich gewesen sein.

Es gab auch einen weiten Hosentyp. Nach zeitgenössischen Abbildungen waren diese Hosen unterschenkel- oder sogar nur knielang. Ob es sich dabei um die extrem weiten Pumphosen, wie sie z. B. von den Rus getragen wurden, oder nur um eine bequem weite Hosenform handelte, ist ungewiss. Auf jeden Fall waren die sehr weiten Pumphosen vermutlich der Oberschicht vorbehalten, da sie aus äußerst fein gewebten Wollstoffen angefertigt wurden und auch der immense Stoffverbrauch von großem Reichtum zeugt. Teilweise waren die Hosen der Wikinger zwei- oder mehrfarbig (z. B. vorne rot und hinten gelb-grün) und bestanden unter Umständen auch aus zwei Stofflagen, vielleicht, um bauschiger zu wirken. Da zweifarbige Gewänder, deren Einzelteile unterschiedliche Farben hatten, auch in nordischen Sagen auftauchen, lässt sich dieser Stil möglicherweise auch auf andere Gewänder übertragen.

Über der Hose trug der Wikinger eine Tunika oder einen Kittel aus Leinen oder Wolle, dessen Rockteil sich durch Keile oder Trapeze erweiterte, oder der durch Schlitze Beinfreiheit beim Reiten, Kämpfen und Arbeiten ließ. Die Tunika reichte, je nach Epoche, bis zur Hüfte oder bis zu den Knien. Generell kann man sagen, dass die Tuniken im Laufe der Zeit immer länger wurden. Ähnlich wie die untere Tunika war die Obertunika geschnitten, allerdings eher anliegend und meist aus Wolle oder Loden gearbeitet. Eine solche Tunika könnte auch aus einem sehr langflorigen Material oder sogar aus einem Wollstoff, mit Zotten besetzt, bestanden haben. Da dieser Tunika die Funktion eines Mantels zugeordnet wird, kann sie auch gefüttert oder sogar noch mit einem Futter aus Daunen und Federn versehen worden sein. Beide Tuniken wurden meist über den Kopf gezogen, können aber auch eine Öffnung vorn gehabt haben. Am Hals waren die Tuniken weit oder eng anliegend mit einem kleinen Schlitz, der mit einer Spange verschlossen wurde. Besätze aus Fell oder aufgerauter Wolle, Brettchenborte und Stickereien

verschiedene Schuhtypen

machten den Unterschied zwischen einem reichen und einem armen Mann aus. Die prachtvollsten Tuniken sind mit Fellen besetzt, mit Seide und Gold- und Silberbändern sowie Stickereien verziert.

Eine sinnvolle Ergänzung für diese Tuniken sind eine Kapuze oder auch eine Gugel. Während eine Kapuze nur knapp über den Nacken hinausgeht, reicht eine Gugel bis über die Schultern und bietet so auch der Schulterpartie Schutz vor feuchter Witterung. Eine Kapuze kann theoretisch auch unter einer Obertunika oder einem Wams getragen werden, was an der See den Vorteil hat, dass der Wind dem Träger nicht ständig den vorderen Latz ins Gesicht bläst. Kopfbedeckungen wie Kappen oder Mützen gab es sowohl aus Leinen (ein praktischer Schutz vor der Sommersonne) als auch aus Pelz, Leder oder mit Zotten versehen als Wärme spendende Gewandungsteile im Winter.

Reiche Wikinger trugen unter Umständen auch einen Klappenmantel, mit Pelzen besetzt und edel verziert. Im Winter sorgte ein prunkvoller Rechteckmantel bei den obersten Wikingern für zusätzliche Wärme und stellte ihren Reichtum zur Schau.

Die Wikingerfrau trug ein leicht tailliertes knöchellanges Kleid aus Wolle oder Leinen. Unter Umständen kann dieses Kleid auch Abnäher gehabt haben, die die Figur zusätzlich betonten. Je weniger die Trägerin gezwungen war, harter körperlicher Arbeit nachzugehen, desto enger dürfte dieses Kleid gewesen sein. Über diesem Kleid wurde ein Trägerkleid getragen, dessen vordere und rückwärtige Träger mit Broschen oder Fibeln auf Brusthöhe miteinander verbunden wurden. Zwischen den beiden Fibeln hingen Ketten oder Bänder, an denen Perlen und Zierden befestigt waren. Diese Kleider gibt es in diversen Variationen, mit oder ohne Keile, vorne offen oder geschlossen, seitlich geschlitzt oder zugenäht.

Reiche Wikingerfrauen trugen darunter ein Unterkleid aus gefälteltem Leinen und darüber einen Gürtel mit Schlüsseln und einer kleinen Waage zum Abwiegen des Hacksilbers.

Im Freien sorgte eine mantelähnliche knöchellange Obertunika, die aus gefüttertem Loden oder Filz bestand und teilweise eine Einlage aus Daunen und Federn besaß, für Wärme und Schutz vor regnerischem Wetter.

An den Füßen trugen wohlhabende Männer und Frauen ähnliches Schuhwerk. Wendegenähte Halbschuhe oder kurzschäftige Stiefel aus weichem Leder bestimmten hier das Bild, während die ärmere Bevölkerung barfuß ging.

Die arme Bevölkerungsschicht trug ihre Kleidung in ungefärbten Wollfarben, entweder grau oder braun. Die Kleidung der bessergestellten Wikinger wurde aus gefärbten Stoffen hergestellt.

Textilfärbungen waren zur Zeit der Wikinger möglich und konnten auch durch die Grabfunde in Birka und Haithabu nachgewiesen werden. Welche Färbungen tatsächlich vorgenommen und welche Färbemittel dafür verwendet wurden, lässt sich heutzutage allerdings kaum noch bestimmen.

Mögliche Färbungen konnten durch pflanzliche Farbstoffe aus Wurzeln, Blättern, Rinden, Früchten, Blüten, Hölzern, Samen und Flechten oder tierische Farbstoffe aus Läusen und Schnecken erzielt werden. In den abgelegeneren Gegenden werden die Färber aufgrund der langen Transportwege und der Verderblichkeit der Färbemittel auf leicht zugängliche Färbemittel aus Wald und Feld zurückgegriffen haben.

Heutzutage wird zwischen drei verschiedenen Färbemethoden unterschieden: Bei Direktfärbungen, die man z.B. mit Walnuss vornehmen kann, verbinden sich die Farben direkt mit der Stofffaser. Bei Färbungen mit Beizenfarbstoffen muss der Stoff mit einem Metallsalz vorbehandelt werden, erst dann verbindet sich die Farbe mit dem gebeizten Stoff, z.B. Färberwau oder Färberröte. Bei Küpenfarbstoffen setzen sich die Farbpigmente in einer Vorstufe unlöslich in physikalischer Form auf die Stofffasern. Die endgültige Farbe erhält der Stoff erst durch die Oxidation mit Luftsauerstoff, z. B. Färberwaid.

Für gelbe Färbungen stehen deutlich mehr Farben (ca. 75 Prozent) zur Verfügung als für blaue und rote Färbungen. In Mitteleuropa wurden hierfür vorwiegend Färberwaid (Blau), Färberwau (Gelb) und Krapp (Rot) angebaut. Nachgewiesen ist an einem Textilfund in Haithabu auch die Verwendung von Walnussschale, mit der diverse Brauntöne erzeugt werden können. Haltbares Grün wurde wohl durch ein Überfärben von gelben Textilien mit einem blauen Farbstoff erzeugt. Die Spannbreite der Farben, die mit einem Färbemittel erzielt werden konnten, ist erheblich und abhängig von diversen Variablen. Die Erntezeit des Mittels und das benutzte Wasser sind ebenso für die breite Farbpalette verantwortlich wie das benutzte Rezept und der verwendete Stoff. Genormte Farben, wie wir sie heutzutage kennen, gab es früher nicht. Jede Färbung war eine Überraschung für den Färber.

Kunststile der Wikinger

Die Wikinger erwarben sich aber nicht nur durch ihr Geschick als Krieger und Händler einen Ruf, auch ihre Handwerkskünste waren hoch angesehen. Bauern aus dem hohen Norden bauten ihre Häuser, ihre Möbel und ihren Hausrat selbst. Wolle wurde gefärbt, gesponnen, zu kunstvollen Stoffen und Borten gewebt und zu Kleidung verarbeitet. In den langen und dunklen Wintertagen wurden Holz, Ton und Metall mit ornamentalen Darstellungen verziert. Welch hohe Qualität diese Darstellungen in den Händen von professionellen Handwerkern erlangten, ist anhand vieler Grabfunde belegt. Nach einigen dieser Funde wurden auch die verschiedenen Kunststile benannt. Allen ist gemein, dass in den Darstellungen Pflanzen, Figuren und geometrische Formen miteinander verwoben und teilweise sich wiederholend und ineinander verschlungen an die jeweiligen Formen des Untergrunds angepasst werden. Diese Ornamente sind als farbenfrohe Stickereien heutzutage sehr beliebt.

Der **Berdalstil** war vor allem in der Mitte des 9. Jahrhunderts beliebt, bei diesem Stil spielt ein Greiftier eine große Rolle. Das Tier besteht meist aus einem großen Kopf und einem Körper, der gut an die auszufüllende Fläche angepasst werden kann. Die Tatzen des Tieres greifen in die Verzierungen der Ornamente und krallen sich zum Teil daran fest. Das Greiftiermotiv ist auch Bestandteil des Osebergstils und des Broastils.

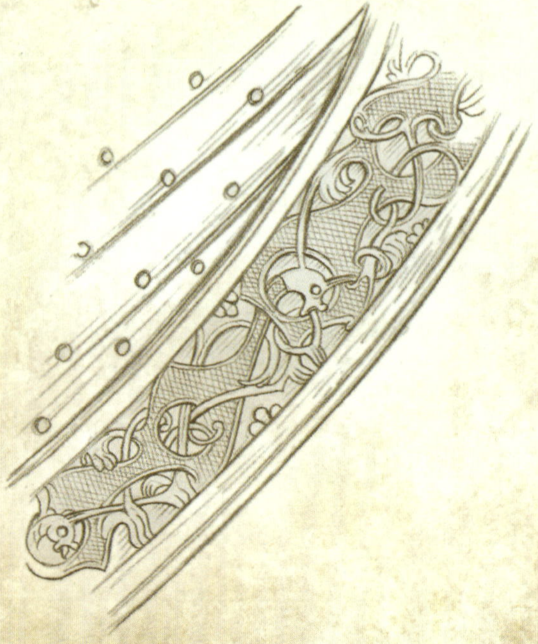

Der **Borrestil** löste den Berdal- bzw. Osebergstil im späten 9. Jahrhundert ab und fand seine Verbreitung bis hinein ins 10. Jahrhundert. Das Greiftiermotiv war oft brezelförmig verschlungen und wurde mit übergroßem Kopf und Flechtbandornamenten dargestellt. Auch pflanzliche Darstellungen waren in den Ornamenten zu finden. Dieser Stil war recht beliebt und wurde auch bei Alltagsgegenständen verwendet.

In der ersten Hälfte des 10. Jahrhunderts hielt der **Jellingestil** Einzug in Skandinavien. Die schmalen, lang gezogenen Tierfiguren, wie sie auf den britischen Inseln verwendet wurden, lösten das Greiftiermotiv ab. Die Tierfiguren werden im Profil und lang gestreckt, S-förmig gebogen dargestellt.

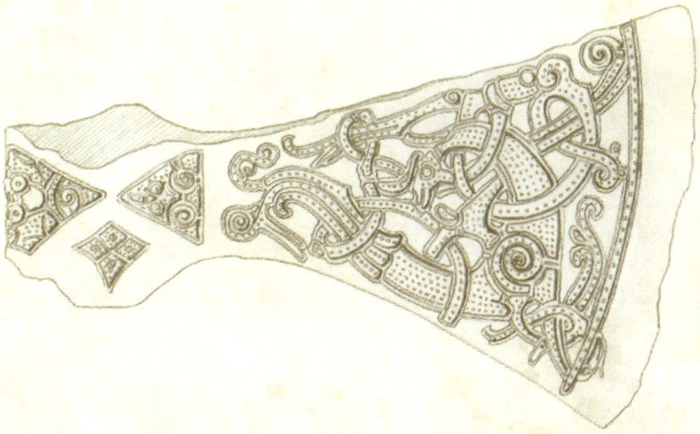

Der **Mammenstil**, der im 10. Jahrhundert bis zur Mitte des 11. Jahrhunderts verbreitet war, taucht vorwiegend auf kostbaren Gegenständen auf. Die Darstellung der Tiere wirkt natürlicher und detaillierter. Die Ornamentik ist nicht mehr vorwiegend symmetrisch, vielmehr werden freie Flächen mit Ranken oder Verzierungen aufgefüllt.

Der **Ringerikestil** übernahm im 11. Jahrhundert die Tierfiguren des Mammenstils, zeichnete diese jedoch klarer und verband sie noch mehr mit Ranken und Blattornamenten.

Als letzter Kunststil der Wikingerzeit tauchte im späten 11. Jahrhundert der **Urnesstil** auf. Die Figuren sind fein gezeichnet und vielfach ineinander verschlungen. Der Urnesstil blieb bis zum Beginn des 12. Jahrhunderts in Gebrauch.

Bevor ihr mit dem Nähen anfangt, macht euch mit den Begriffen aus dem Nählexikon vertraut. Ihr müsst euch nicht alles merken, solltet aber die Fachausdrücke schon einmal gelesen haben.

Gewandungen Mannsvolk

Tunika mit Keilen

Schwierigkeit: Könner

Diese Tunika ist eines der am häufigsten anzutreffenden Kleidungsstücke auf Wikingermärkten und bei Museumsdarstellungen. Die Rekonstruktion ist angelehnt an Textilfragmente, die im Hafen und im Gräberfeld von Haithabu gefunden wurden. Die Schnittform ist recht modern und unterscheidet sich von Tuniken bzw. Kitteln aus der Eisenzeit vor allem durch diverse Rundungen. Sie weist einen runden Halsausschnitt mit Schlitz auf, der mit einem Besatz verstürzt werden kann. Nach Geschmack kann der Besatz auch nach außen umgeklappt und dort vernäht werden. Die Ärmel sind am Unterarm enger geschnitten. Die Armausschnitte sind angerundet und die Ärmelkugeln entsprechend rund geschnitten.

Die Tunika bekommt eine bequeme Weite durch den Einsatz von seitlichen Keilen. Besonders Kämpfer bevorzugen diese Tunika in einer Variante mit je einem weiteren Keil vorne und hinten mittig.

Dieser Schnitt eignet sich auch für festere Materialien wie z. B. schwere Wollstoffe oder Loden. Meist wird diese Tunika aber aus Leinen angefertigt.

Schnitt

Der Schnitt ist in Größe M dargestellt. Mithilfe der Maßtabellen muss ein individueller Schnitt erarbeitet werden. Bei der Schnittmustererstellung wird mit Maß A begonnen, gefolgt von Maß I.

- Vorderteil 1x
- Rückenteil 1x
- Ärmel 2x
- Keil 2x

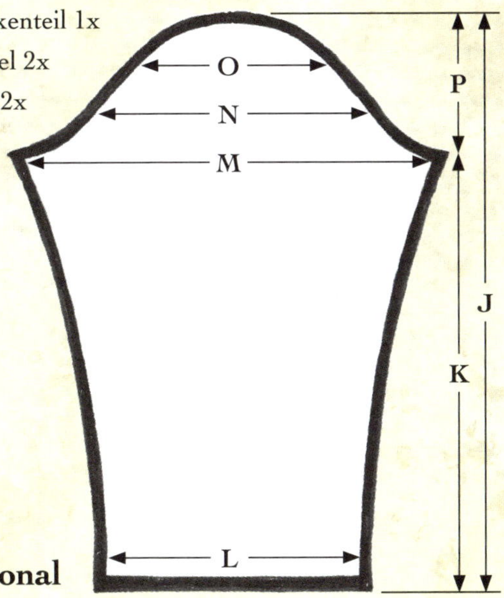

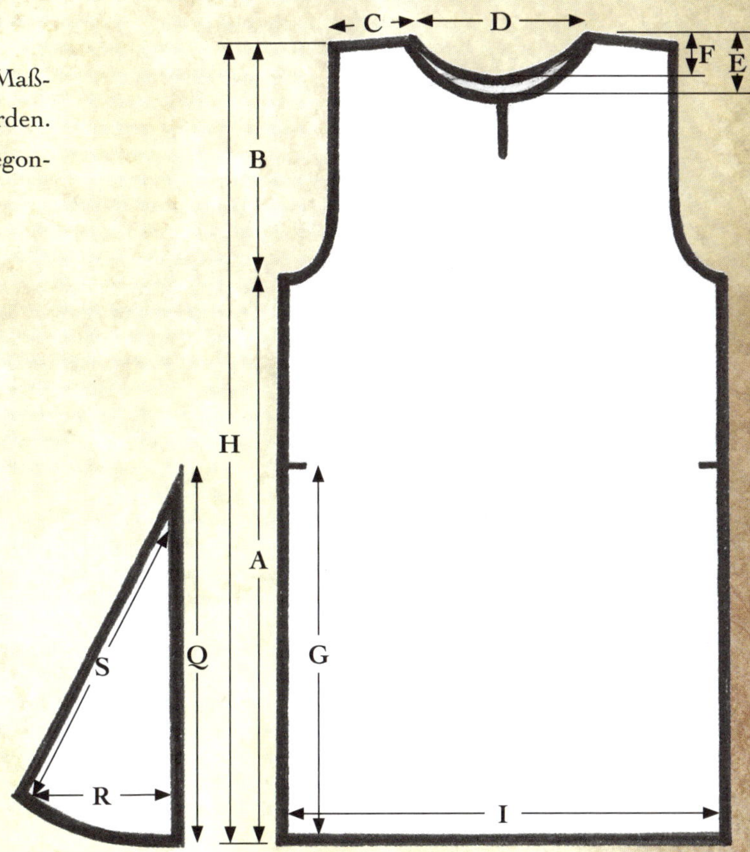

Optional

- Besatz
- Keil 2x (mittig vorn und hinten)

Material

- Leinen, 230–280 cm x 150 cm Stoffbreite

Zuschnitt

Stoff längsseits falten, damit er doppelt liegt. Schnittmuster auf den Stoff legen und mit Stecknadeln feststecken. Mit einem Kreidestift die Schnittlinien markieren. Nicht die Nahtzugaben vergessen! Schnittmusterpapier herunternehmen und den Stoff an den Kreidelinien entlang ausschneiden. Die Vorder- und Rückseite der Tunika haben zwei verschiedene Halsausschnitte. Die Rückseite der Tunika aus dem doppelt gelegten Stoff einmal ausschneiden. Einen Teil beiseitelegen und bei dem zweiten Teil die tiefere Rundung der Vorderseite und den Schlitz ausschneiden. Der Keil muss zweimal im Stoffbruch ausgeschnitten werden.

Nähanleitung

Vorder- und Rückenteil an der Kante A bis zum Passzeichen für den Schlitz zusammennähen. Seitliche Keile einsetzen. Die Schulternähte von Vorder- und Rückenteil zusammennähen. Ärmelnähte schließen. Ärmel einsetzen. Tunika säumen. Halsausschnitt mit einem Besatz verstürzen oder mit einem Rollrand säumen.

Variante

Wenn ihr einen schmaleren Keil wünscht, dann verändert den Wert R entsprechend. Solltet ihr zwei weitere Keile bevorzugen, schneidet den Stoff an Vorder- und Rückseite vom unteren Saum mittig bis zur Länge Q ein und fügt je einen weiteren Keil ein (siehe *Nählexikon: Keil einnähen*).

Ein Besatz kann auf Wunsch laut Anleitung (siehe *Nählexikon: Verstürzen*) angefertigt werden.

	A	B	C	D	E	F	G	H	I	J	K	L	M	N	O	P	Q	R	S
S	65	23	12	18	7	4	40	88	51	63	50	28	45	30	20	13	40	20	40
M	65	24	13	18	7	4	40	89	56	64	50	29	50	32	21	14	40	20	40
L	70	26	13	20	8	5	45	96	60	65	50	30	55	34	22	15	45	20	45
XL	70	27	14	20	8	5	45	97	62	67	50	32	60	36	23	17	45	20	45

Alle Maßangaben in Zentimeter

Tunika „Viborg"

Schwierigkeit: Experte

Die Rekonstruktion dieser Tunika ist angelehnt an einen Fund in Dänemark in der Nähe der Stadt Viborg. Das Oberteil ist zweilagig, der Oberstoff ist in einem Muster an das Futter angesteppt. Vorder- und Rückenteil bestehen aus einem Stück wie bei einem Poncho. Die Tunika hat einen angesetzten Rockteil sowie eine zweiteilige Ärmelform. Die Ärmel sind im Original nicht komplett vorhanden, hier wird eine mögliche Form gezeigt. Der Ausschnitt bietet eine interessante und ungewöhnliche Verschlussmöglichkeit.

Im Original ist die Tunika aus Leinen gefertigt, aber auch eine Anfertigung aus feiner Wolle mit einem Leinenfutter sieht gut aus und bietet gerade in den kühleren Jahreszeiten hohen Tragekomfort. Die Halspartie kann mit einem festen dicken Stoff nur schwer nachgearbeitet werden, weshalb der Stoff dünn und weich sein sollte.

Dieser Schnitt ist der Grundschnitt der Tunika. Eine Variante hierzu wäre die originale Version der Tunika, in der das Obermaterial auf das Futter gesteppt wird.

Schnitt

Der Schnitt ist in Größe M dargestellt. Mithilfe der Maßtabellen muss ein individueller Schnitt erarbeitet werden. Bei der Schnittmustererstellung wird mit Maß B begonnen, gefolgt von Maß C.

- Vorder-/Rückenteil 1x
- Unterteil vorn 1x
- Unterteil hinten 1x
- Vorderärmel 2x
- Rückärmel 2x
- viereckiger Achseleinsatz 2x
- Bindeband 120 x 4 cm

Optional

- Vorder-/Rückenteil 1x (siehe Variante)

Material

- Leinen, 180–230 cm x 150 cm Stoffbreite

Zuschnitt

Stoff auseinanderfalten, damit er einfach liegt. Schnittmuster auf den Stoff legen und mit Stecknadeln feststecken. Mit einem Kreidestift die Schnittlinien markieren, dabei die Nahtzugaben nicht vergessen. Schnittmusterpapier herunternehmen und den Stoff an den Kreidelinien ausschneiden.

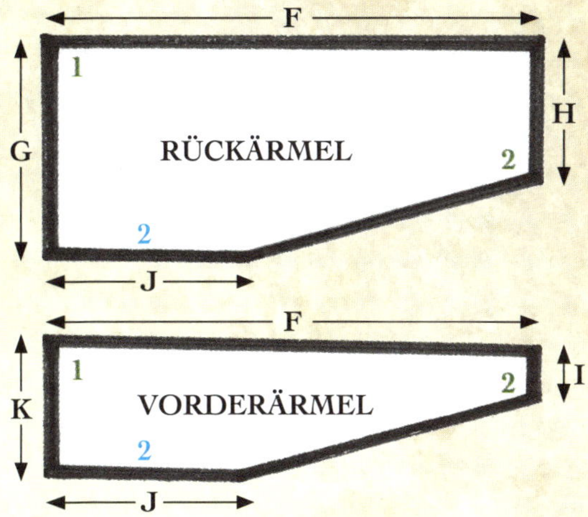

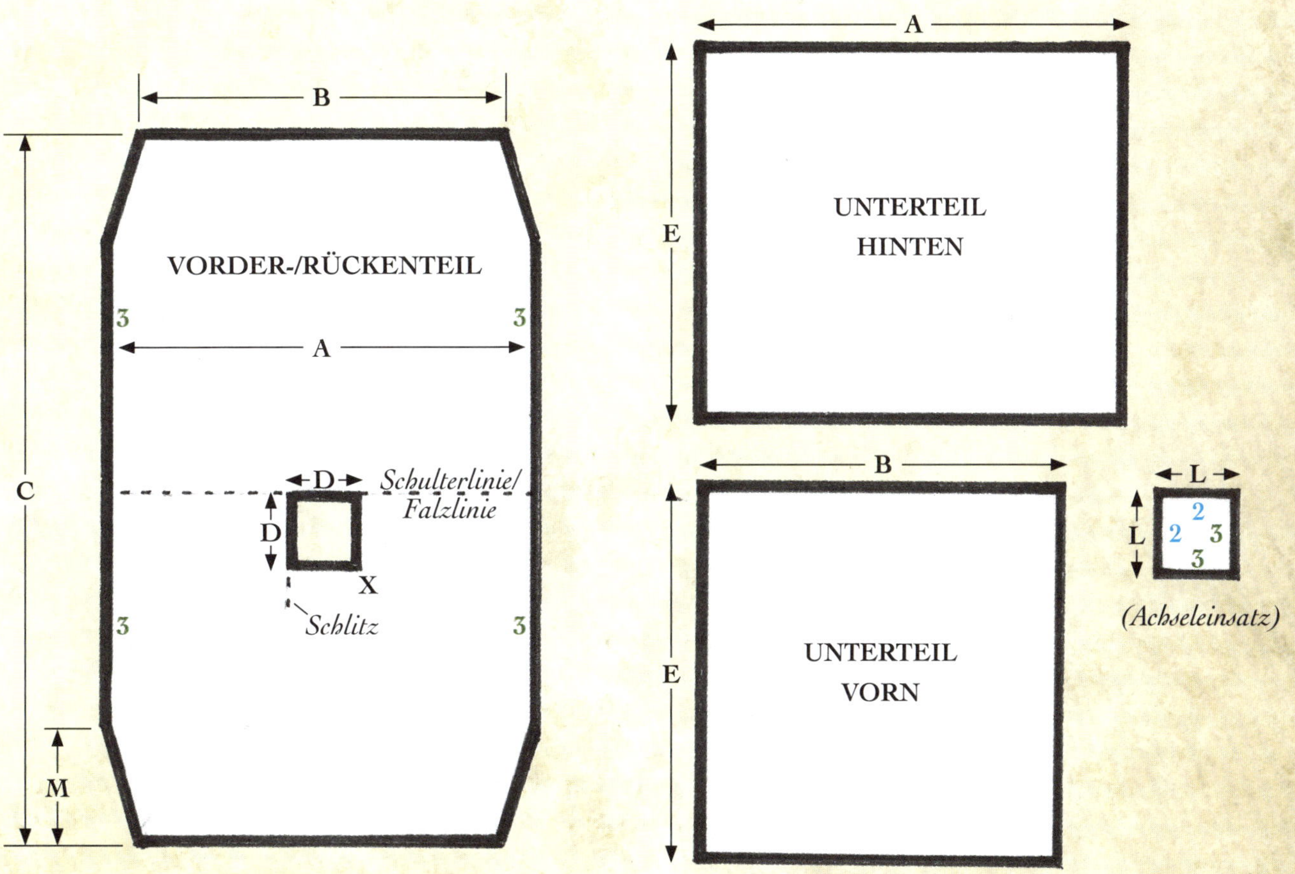

	A	B	C	D	E	F	G	H	I	J	K	L	M
S	54	50	95	10	50	50	25	20	7	20	15	10	10
M	56	52	100	10	52	52	29	22	7	22	15	10	10
L	60	56	105	11	54	54	33	24	7	24	15	12	10
XL	64	60	110	12	56	56	37	26	7	26	15	12	10

Alle Maßangaben in Zentimeter

Nähanleitung

Bei beiden Ärmeln den vorderen Ärmel, den rückwärtigen Ärmel und den Achseleinsatz mithilfe der Nahtzahlen zusammennähen. Vorder- und Rückenteil an der oberen Ausschnittkante zusammenfalten und Ärmel feststecken. Die Ärmelnaht ist dabei vorn. Ärmel annähen. Seitennähte des Vorder- und Rückenteils schließen. Ärmel säumen. Die Seiten des vorderen und hinteren Unterteils säumen.

Das vordere Unterteil am unteren Rand des vorderen Oberteils annähen. Das hintere Unterteil am unteren Rand des hinteren Oberteils annähen. Die überstehenden Enden des hinteren Unterteils am vorderen Unterteil mit einigen Stichen annähen. Die Unterteile am unteren Rand säumen.

In den Halsausschnitt auf der gewünschten Seite einen Schlitz von ca. 11 cm Länge einschneiden. Den Schlitz entweder mit einem Rollrand (siehe *Nähen mit der Hand: Handstiche – Saumstich*) säumen oder mit einem kleinen Besatz (siehe *Nählexikon: Ausschnitt mit Schlitz*) verstürzen. Die Mitte des Bindebandes rechts auf rechts an der Mitte des rückwärtigen Halsausschnittes feststecken. Das Band bis zum Beginn des Schlitzes festnähen. Nicht vergessen, die Ecken einzuschneiden (siehe *Nählexikon: Verstürzen*). Das Bindeband in der Mitte falten und die Seiten einklappen. Das Band zusammennähen und ein Stück davon zu einem losen Knoten formen, der mit einigen Stichen am Hemd festgenäht wird.

Das Band an der anderen Seite rechts auf rechts am Halsausschnitt bis Punkt X festnähen. Das Band auf ca. 10 cm Länge zusammennähen und aus diesem Stück einen lockeren Knoten formen. Das offene Band von Punkt X bis zum Beginn des Schlitzes festnähen. Das restliche Bindeband zusammenfalten und -nähen.

Variante

Schneidet für die Variante, gefüttert und mit einem aufgesteppten Muster, zunächst Vorder- und Rückenteil der Tunika aus dem Futter aus. Vorder- und Rückenteil aus dem Obermaterial müssen an allen Seiten ca. 4 cm größer sein. Schneidet Vorder- und Rückenteil in vier Trapeze und ein Viereck laut Abbildung. Legt das Obermaterial auf das Futter und faltet alle innen liegenden Saumränder am Obermaterial schmal ein. Steckt sie fest und fixiert sie mit einem Heftstich. Schneidet eventuelle Überstände ab. Näht die Tunika nun weiter wie in der Anleitung beschrieben. Der Halsausschnitt besteht aus zwei versetzten Schlitzen, einem im Futter und einem im Obermaterial.

Eine einfache Variante für den Ausschnitt ist, das Band komplett um den Ausschnitt herumzunähen und die vorgeformten Knoten per Hand auf den Ausschnitt aufzunähen.

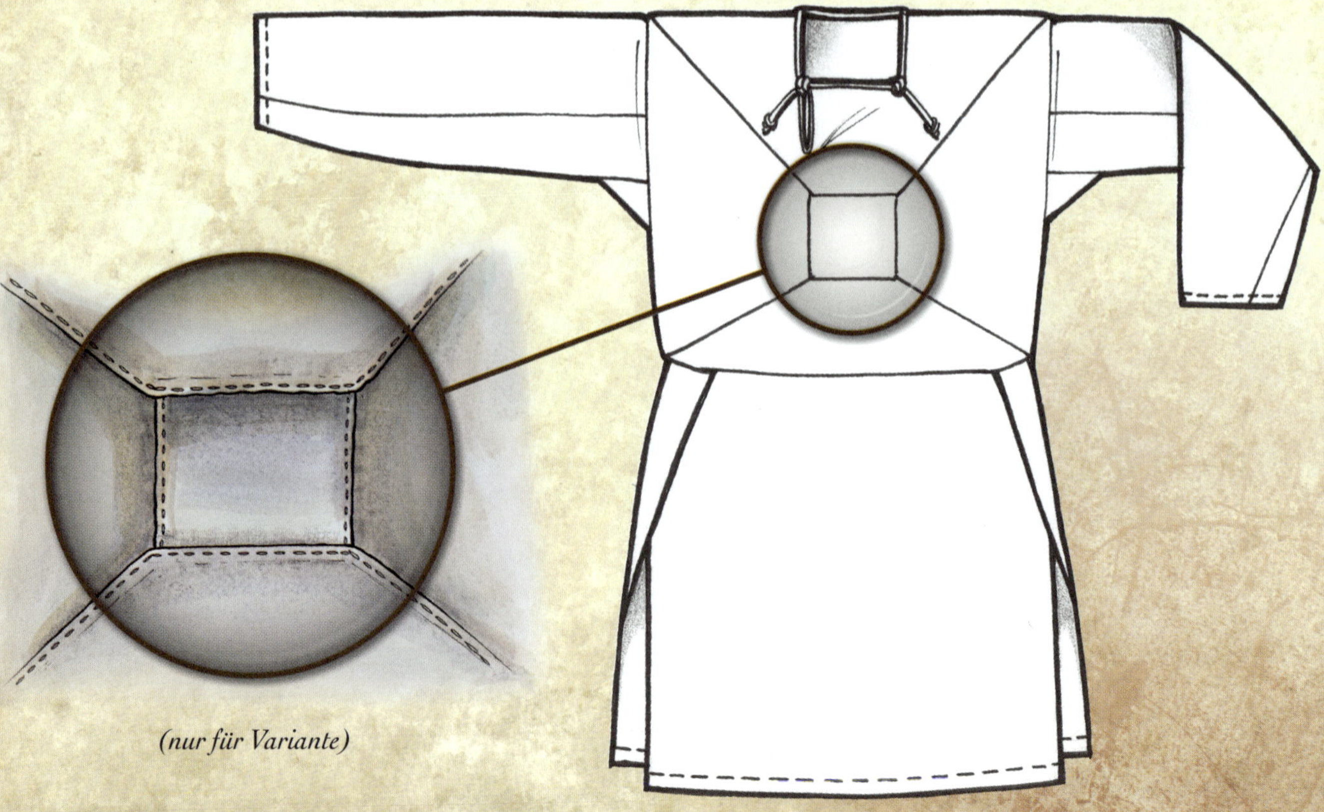

(nur für Variante)

TUNIKA MIT TRAPEZEN

SCHWIERIGKEIT: EXPERTE

Diese Tunika besteht aus einem Oberteil mit sechs angenähten Trapezen. Als Grundlagen dienten Textilfunde im Hafen von Haithabu und eine Abbildung auf dem Teppich von Bayeux. Durch die sechs Trapeze bietet die Tunika schöne Gestaltungsmöglichkeiten. Besonders gut sieht es aus, wenn die Trapeze bzw. Keile aus Stoffen im selben Farbton, aber verschiedenen hellen und dunklen Tönen zugeschnitten werden.

Der dazugehörige Ärmel ähnelt im Umriss einem weiteren Fund bei Haithabu. Der Ärmel des vorliegenden Schnittes hat noch einen Keil bekommen, wie er bei den Funden von Herjolfness zu sehen ist. Die Ärmelnaht liegt hinten.

Schnitt

Der Schnitt ist in Größe M dargestellt. Mithilfe der Maßtabellen muss ein individueller Schnitt erarbeitet werden. Bei der Schnittmustererstellung wird mit Maß A begonnen, gefolgt von Maß G.

- Vorderteil 1x
- Rückenteil 1x
- Ärmel 2x
- Trapez 6x

Optional

- Besatz
- Keil 2x

Material

- Leinen, 180–220 cm x 150 cm Stoffbreite

Zuschnitt

Stoff längsseits falten, damit er doppelt liegt. Schnittmuster auf den Stoff legen und mit Stecknadeln feststecken. Mit einem Kreidestift die Schnittlinien markieren. Nicht die Nahtzugaben vergessen! Schnittmusterpapier herunternehmen und den Stoff an den Kreidelinien entlang ausschneiden. Die Vorder- und Rückseite der Tunika haben zwei verschiedene Halsausschnitte. Die Rückseite der Tunika aus dem doppelt gelegten Stoff einmal ausschneiden. Einen Teil beiseitelegen und bei dem zweiten Teil die tiefere Rundung der Vorderseite ausschneiden.

Nähanleitung

Vorder- und Rückenteil an den Seiten zusammennähen. Die Schulternähte schließen. Die Trapeze zusammennähen. Den unteren Teil (Trapeze) an den oberen Teil annähen. Ärmelteile zusammennähen. Ärmel einsetzen und säumen. Halsausschnitt mit einem Besatz verstürzen (siehe *Nählexikon: Verstürzen*) oder mit einem Rollrand säumen. Tunika säumen.

Variante

Solltet ihr den Rockteil lieber weiter mögen, gebt am unteren Saum der Trapeze entsprechend Weite hinzu. Empfehlenswert ist es, seitlich noch zwei Keile einzufügen.

Ärmel

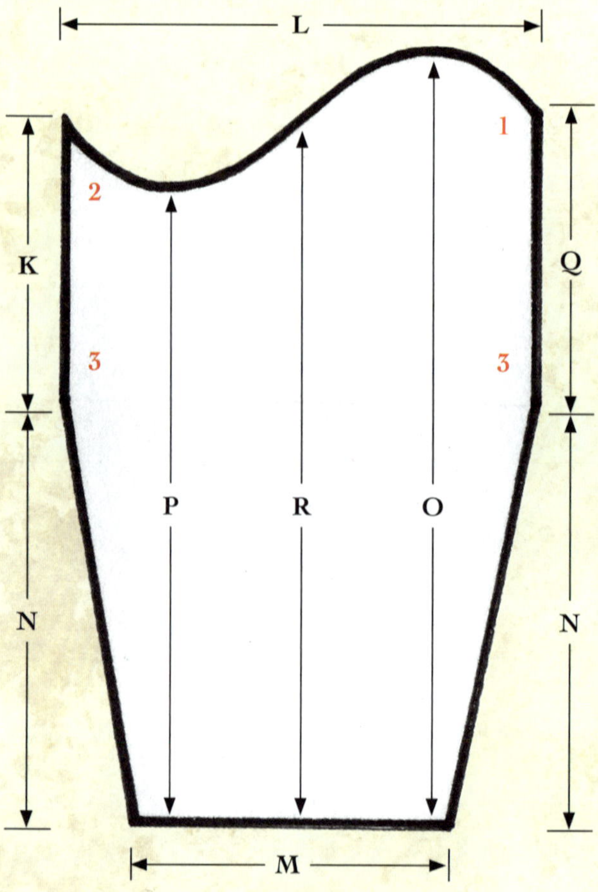

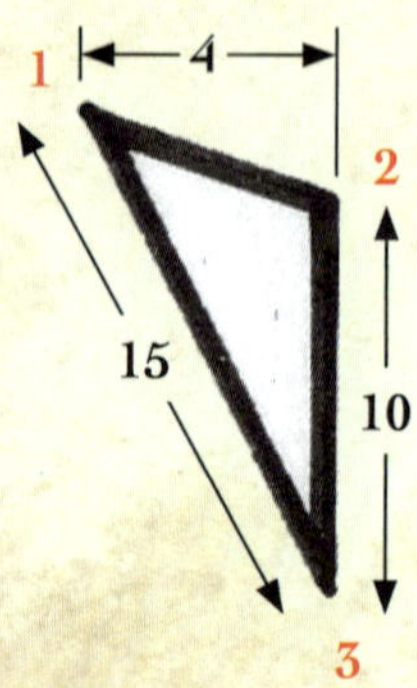

	A	B	C	D	E	F	G	H	I	J	K	L	M	N	O	P	Q	R
S	26	23	11	20	7	5	51	17	21	45	24	40	25	33	63	50,5	28	57
M	26	24	12	20	7	5	54	18	22	45	24	42	28	34	64	51	28	58
L	28	26	12,5	21	8	6	57	19	23	50	24	44	31	35	65	51,5	28	59
XL	30	27	13,5	21	8	6	60	20	24	50	24	48	32	37	67	52	28	61

Alle Maßangaben in Zentimeter

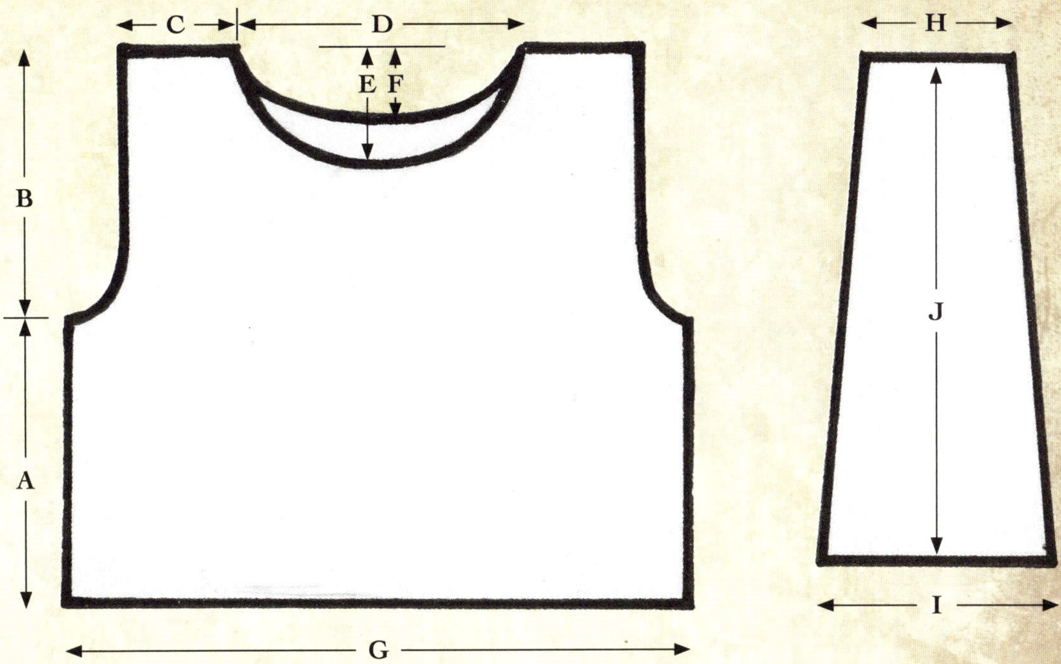
C
D
E
F
B
A
G
H
J
I

Klappenrock kurz

Schwierigkeit: Könner

Fragmente von Klappenröcken wurden in Haithabu sowohl bei Ausgrabungen in der Siedlung als auch im Hafen gefunden. Verschlossen wurden die Klappenröcke teilweise mit einem Gürtel oder mit Fibeln, aber vermutlich wurden auch Knöpfe benutzt. Darauf lassen kleine Löcher schließen, die wahrscheinlich durch das Abreißen der kostbaren Knöpfe vor der Grablegung entstanden sind.

Dieser Klappenrock ist recht kurz und eher eng anliegend. Die Armausschnitte sind angerundet und die Ärmelkugeln entsprechend rund geschnitten. Sofern der Klappenrock nicht abgefüttert wird, sollte die vordere Öffnung mit einem Besatz verstürzt werden.

Da es sich bei dem Klappenrock meist um die sogenannte dritte Bekleidungsschicht handelt, empfiehlt sich eine Anfertigung aus Loden.

Schnitt

Der Schnitt ist in Größe M dargestellt. Mithilfe der Maßtabellen muss ein individueller Schnitt erarbeitet werden. Bei der Schnittmustererstellung wird mit Maß A begonnen, gefolgt von Maß I.

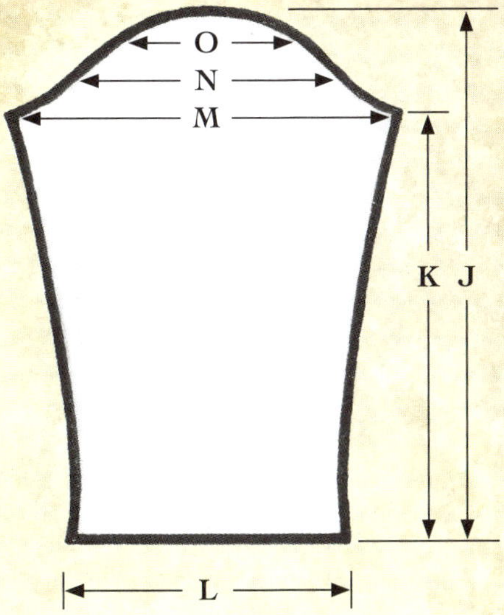

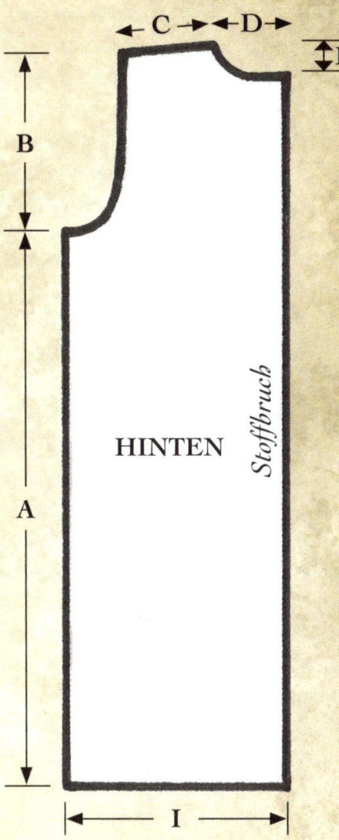

Zuschneiden

- Vorderteil 2x
- Rückenteil 1x (im Stoffbruch)
- Ärmel 2x

Optional

- Besatz
- Futter
- Knöpfe

Material

- Loden, 190–230 cm x 150 cm Stoffbreite
- Fibel oder Gewandnadel

Zuschnitt

Stoff längsseits falten, damit er doppelt liegt. Schnittmuster auf den Stoff legen und mit Stecknadeln feststecken. Das Rückenteil im Stoffbruch zuschneiden. Mit einem Kreidestift die Schnittlinien markieren. Nicht die Nahtzugaben vergessen! Schnittmusterpapier herunternehmen und den Stoff an den Kreidelinien entlang ausschneiden.

Nähanleitung

Vorderteile und Rückenteil an den Seiten zusammennähen. Die Schulternähte schließen. Ärmelteile zusammennähen. Ärmel einsetzen und säumen. Halsausschnitt und vordere Kante mit einem Besatz verstürzen (siehe *Nählexikon: Verstürzen*) oder mit einem Rollrand säumen. Klappenrock säumen.

Variante

Füttert den Klappenrock mit Leinenstoff ab. Dann entfallen die Besätze und die angebrachte Brettchenborte kommt besser zur Geltung.

Zwei seitliche Schlitze geben dem Klappenrock um die Hüfte mehr Weite.

Es bietet sich an, den Besatz außen anzubringen (siehe *Farbige Besätze*).

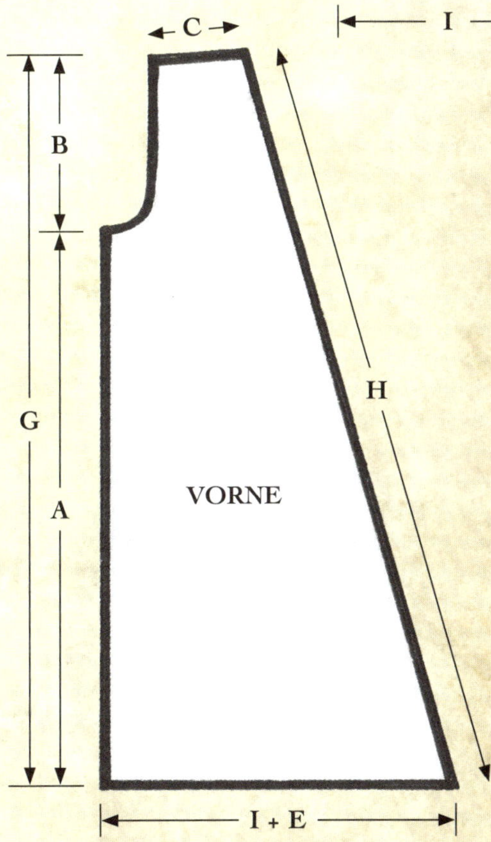

	A	B	C	D	E	F	G	H	I	J	K	L	M	N	O
S	65	23	11	10	20	5	88	93	26	63	50	28	45	30	20
M	65	24	12	10	20	5	89	94	28	64	50	29	50	32	21
L	70	26	12	11	20	6	96	100	30	65	50	30	55	34	22
XL	70	27	13	11	20	6	97	101	32	67	50	32	60	36	23

Alle Maßangaben in Zentimeter

Klappenrock lang

Schwierigkeit: Anfänger

Der lange Klappenmantel ist einfach herzustellen. Als Vorlage für diesen Klappenmantel dienen Bilder auf dem Osebergteppich, die stilisierte Männer und Frauen darstellen. Er hat nur wenige Nähte und eignet sich somit besonders als Erstlingswerk. Die Ärmel müssen durch das Ansetzen eines Stoffbesatzes verlängert werden. Der Halsausschnitt sollte mit einer Fibel oder Knöpfen geschlossen werden. Der Mantel ist recht eng anliegend und dadurch schön warm. Mit einem Futter versehen oder vielleicht sogar durch eine Wattierung ergänzt, sollte er auch den kalten Nordwinden gut standhalten.

Leider verbraucht dieser Schnitt sehr viel Material. Aus den Reststücken können aber Mützen oder Hauben genäht werden.

Schnitt

Der Schnitt ist in Größe M dargestellt. Mithilfe der Maßtabellen oder der T-Shirt-Methode muss ein individueller Schnitt erarbeitet werden. Bei der Schnittmustererstellung wird mit Maß A begonnen, gefolgt von Maß B.

- Vorderteil 2x
- Rückenteil 1x (im Stoffbruch)
- Ärmelverlängerung 2x

Material

- Wollstoff, 250–280 cm x 150 cm Stoffbreite
- Besatz extra

Optional

- Knöpfe oder Fibel

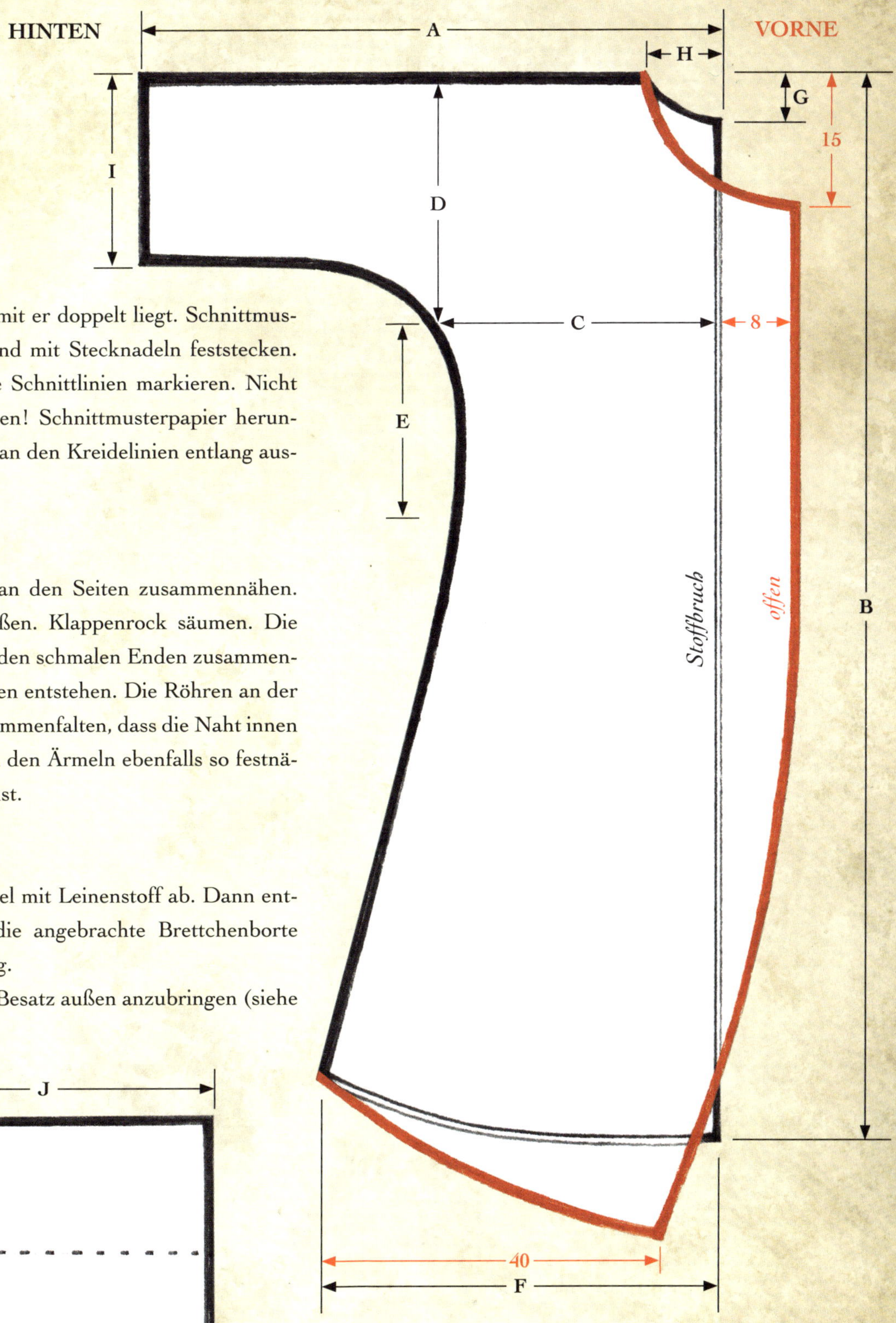

Zuschnitt

Stoff längsseits falten, damit er doppelt liegt. Schnittmuster auf den Stoff legen und mit Stecknadeln feststecken. Mit einem Kreidestift die Schnittlinien markieren. Nicht die Nahtzugaben vergessen! Schnittmusterpapier herunternehmen und den Stoff an den Kreidelinien entlang ausschneiden.

Nähanleitung

Vorder- und Rückenteil an den Seiten zusammennähen. Die Schulternähte schließen. Klappenrock säumen. Die Ärmelverlängerungen an den schmalen Enden zusammennähen, so dass zwei Röhren entstehen. Die Röhren an der gepunkteten Linie so zusammenfalten, dass die Naht innen ist. Die offenen Enden an den Ärmeln ebenfalls so festnähen, dass die Naht innen ist.

Variante

Füttert den Klappenmantel mit Leinenstoff ab. Dann entfallen die Besätze und die angebrachte Brettchenborte kommt besser zur Geltung.

Es bietet sich an, den Besatz außen anzubringen (siehe *Farbige Besätze*).

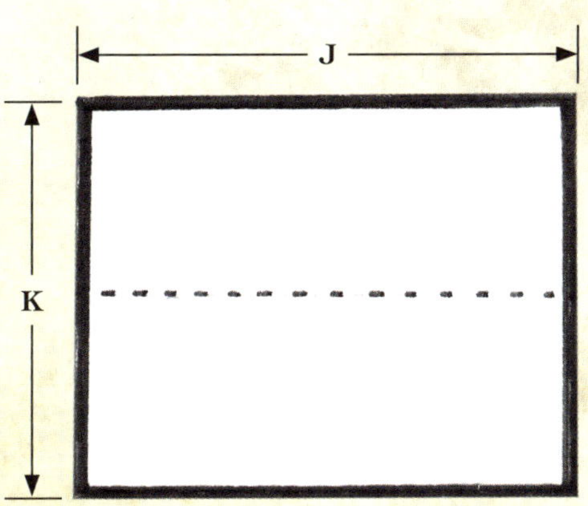

	A	B	C	D	E	F	G	H	I	J	K
S	67	110	28	30	15	41	5	8	18	36	26
M	67	115	30	31	15	45	5	8	20	40	30
L	67	120	32	34	15	49	6	9	22	44	34
XL	67	125	34	37	15	53	6	9	24	48	36

Alle Maßangaben in Zentimeter

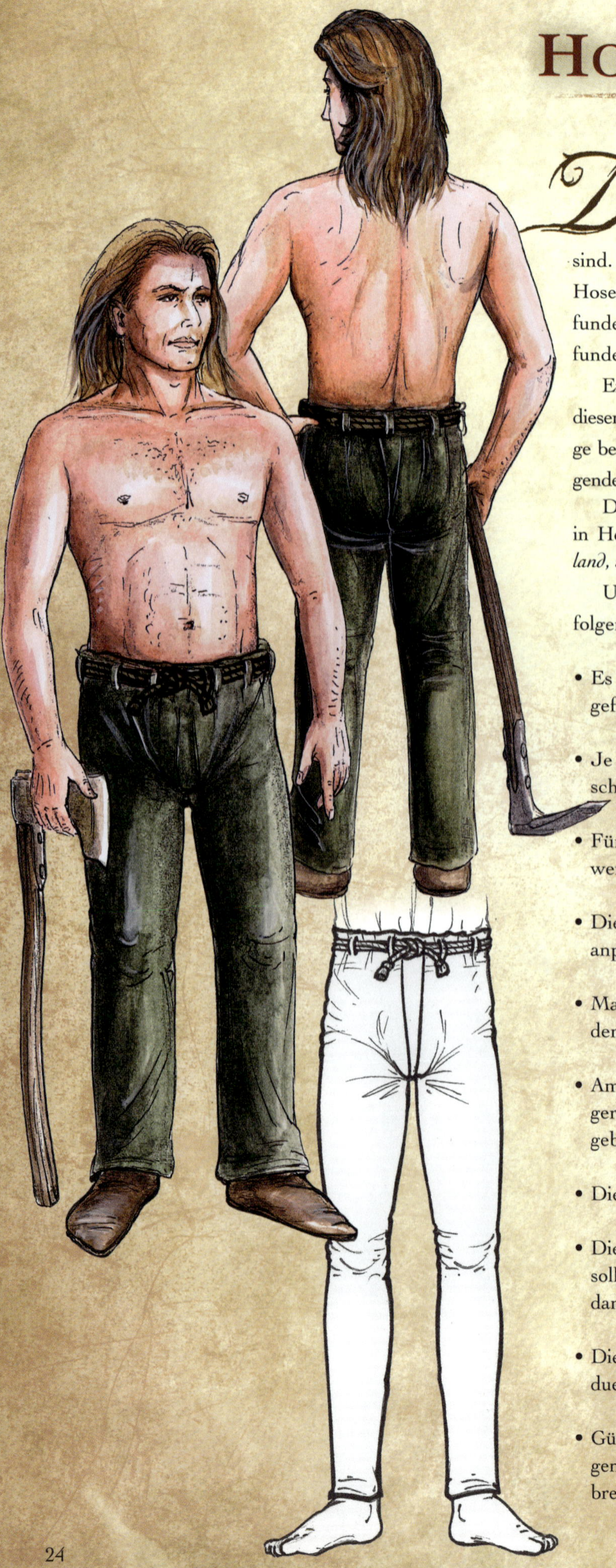

HOSE „THORSBERG“

SCHWIERIGKEIT: EXPERTE

Diese Hose ist eng anliegend und besteht aus mehreren Teilen, die kunstfertig aneinander angepasst sind. Die ungewöhnliche Schnittform findet sich bei einer Hose, die im Thorsberger Moor (Schleswig-Holstein) gefunden wurde. Auch in Haithabu wurden Textilreste gefunden, die zu einer solchen Hose passen könnten.

Eng anliegende Hosen sind bildnerisch überliefert, und dieser Hosentyp ist einer der interessantesten und heutzutage beliebtesten, auch wenn es Funde von anderen eng anliegenden Hosen gibt, die deutlich einfacher nachzuarbeiten sind.

Der Schnitt ist angelehnt an die Schnittrekonstruktion in Horst Schlabows *Textilfunde der Eisenzeit in Norddeutschland*, aber angepasst an heutige Größen und Körperformen.

Um eine solche Hose erfolgreich anzufertigen, sollten folgende Hinweise beachtet werden:

- Es sollte ein Probestück aus dünnem, festem Stoff angefertigt werden.
- Je enger die Hose abgesteckt werden soll, desto elastischer muss der Wollstoff für die finale Hose sein.
- Für eine Hose ohne Füßlinge muss Maß B benutzt werden, mit Füßlingen wird Maß M genommen.
- Die Hose muss während des Nähens immer wieder anprobiert werden.
- Maß H entspricht etwa der Oberschenkelweite, Maß B der Wadenweite.
- Am einfachsten lässt sich die Weite der Hose über die gerade Kante verändern, dort kann mehr Stoff hinzugegeben oder weggenommen werden.
- Die Hosenbeine bestehen nur aus einem Teil.
- Die Füßlinge sind in Größe 43/44 dargestellt. Sie sollten zwei Nummern größer als benötigt genäht und dann gekürzt werden.
- Die Schrittlänge lässt sich über die Bundbreite individuell regulieren.
- Gürtelschlaufen können gleich mit der Bundnaht angenäht oder auch später befestigt werden. Sie müssen breit genug zur Aufnahme des Gürtels sein.

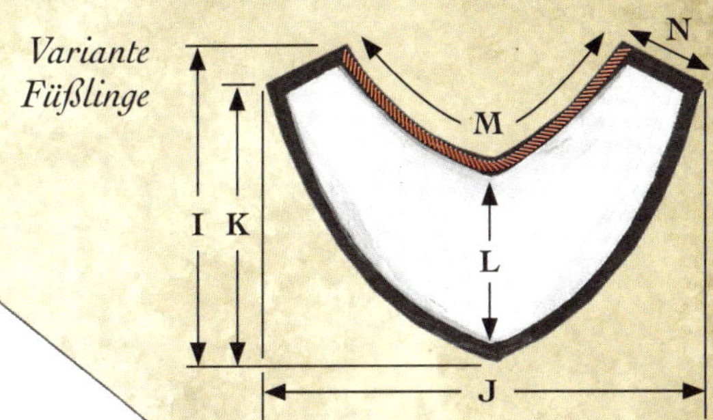

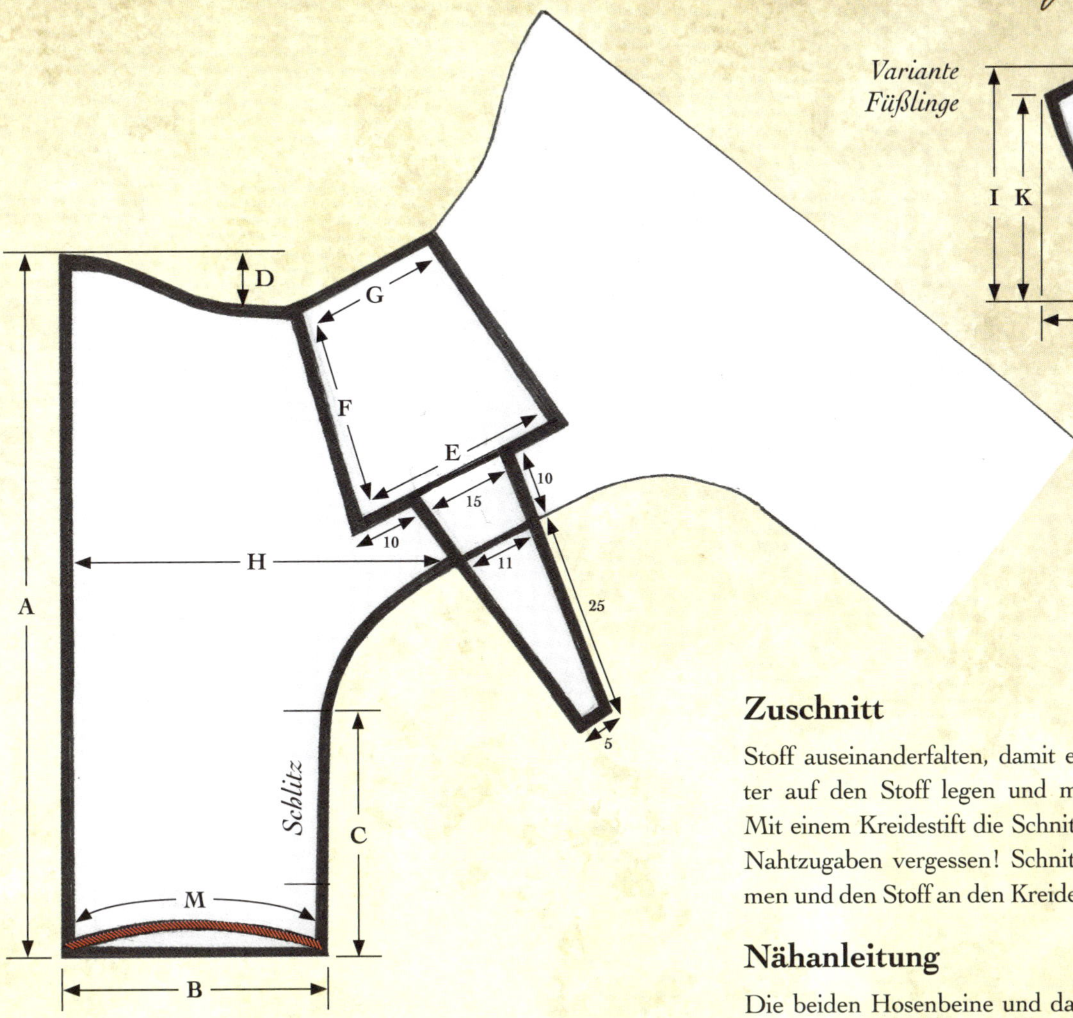

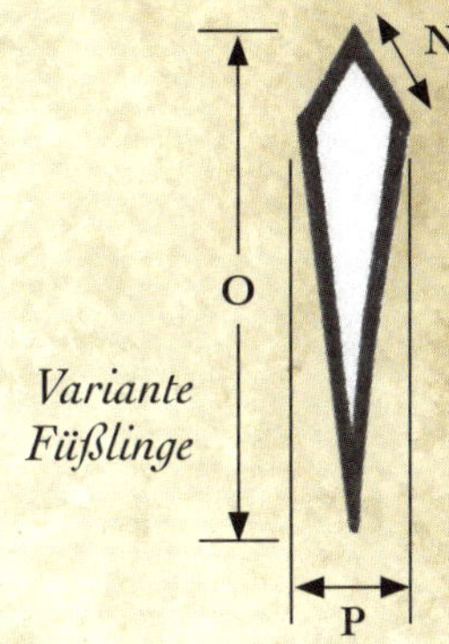

Schnitt

Der Schnitt ist in Größe L dargestellt. Mithilfe der Maßtabellen muss ein individueller Schnitt erarbeitet werden. Bei der Schnittmustererstellung wird mit Maß A begonnen, gefolgt von Maß B.

- Hosenbein 2x
- Gesäßtrapez 1x
- Kleines Trapez 1x
- Schrittteil 1x
- Gürtelschlaufe 9x
- Bund 1x

Material

- Wollstoff, 120 cm x 150 cm Stoffbreite

Optional

- Füßlinge
- Wadenbänder

Zuschnitt

Stoff auseinanderfalten, damit er einfach liegt. Schnittmuster auf den Stoff legen und mit Stecknadeln feststecken. Mit einem Kreidestift die Schnittlinien markieren. Nicht die Nahtzugaben vergessen! Schnittmusterpapier herunternehmen und den Stoff an den Kreidelinien entlang ausschneiden.

Nähanleitung

Die beiden Hosenbeine und das kleine Trapez an das Gesäßtrapez annähen. Das kleine Trapez an die hervorstehenden Teile der Hosenbeine annähen. Das Schrittteil an das kleine Trapez annähen. Jetzt sollte die Hose so aussehen wie auf der Schnittmusterzeichnung. Die äußere und die innere Naht der Hosenbeine und das Schrittteil röhrenartig zusammennähen. Die Länge der Gürtelschlaufen entspricht der möglichen Gürtelbreite plus Nahtzugabe. Die Breite des Bundes richtet sich ebenfalls nach der Gürtelbreite, die Bundweite nach der der abgesteckten Hose. Beide müssen individuell angepasst werden.

Den Bund annähen und die Gürtelschlaufen befestigen. Die Hose abstecken und säumen.

Variante

Wenn die Hose mit Füßlingen gearbeitet wird, sollten die Nähte an den Waden ca. 20 cm offen gelassen werden. Dort können Bänder befestigt werden, um die Hose an den Waden eng zu schließen. Bei Bedarf, zum Beispiel um durch einen Bach zu waten, kann die Schnürung gelöst und die Füße können hinausgesteckt werden.

	A	B	C	D	E	F	G	H	I	J	K	L	M	N	O	P
S	103	36	35	8	35	35	20	64	31	38	27	21	36	6	18	4
M	103	38	35	8	35	35	20	66	31	39	27	20	38	6	18	4
L	103	40	35	8	35	35	20	68	31	40	27	19	40	6	18	4
XL	103	42	35	8	35	35	20	70	31	42	27	18	42	6	18	4

Alle Maßangaben in Zentimeter

Hose weit

Schwierigkeit: Anfänger

Diese Hose ist einfach nachzunähen und bietet relativ großen Tragekomfort. Sie besitzt oben und unten einen Tunnelzug, durch den Bänder zum Verschließen bzw. Raffen gezogen werden können. Die Hose kann sowohl knie- als auch waden- oder knöchellang angefertigt werden.

Wenn die Hose an den Waden mit Wollbändern umwickelt oder mit einer Gamasche getragen werden soll, sollten die Hosenbeine etwas länger zugeschnitten werden, da sich die Hose beim Tragen hochzieht.

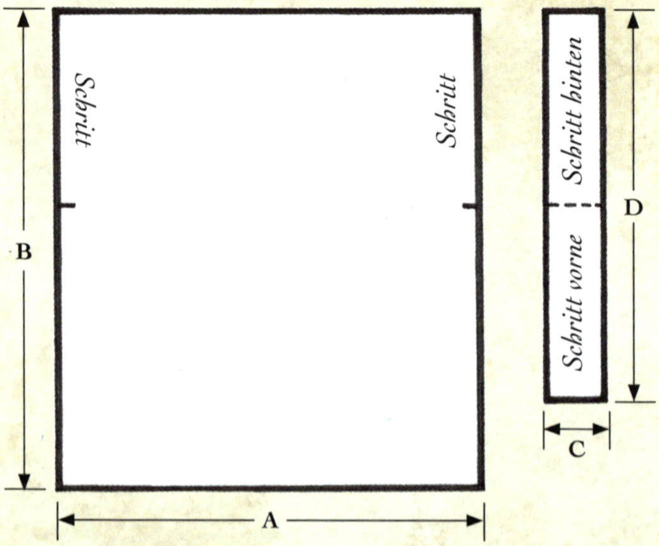

Schnitt

Der Schnitt ist in Größe M dargestellt. Mithilfe der Maßtabellen muss ein individueller Schnitt erarbeitet werden. Bei der Schnittmustererstellung wird mit Maß A begonnen, gefolgt von Maß B.

- Hosenbein 2x
- Schritt 1x

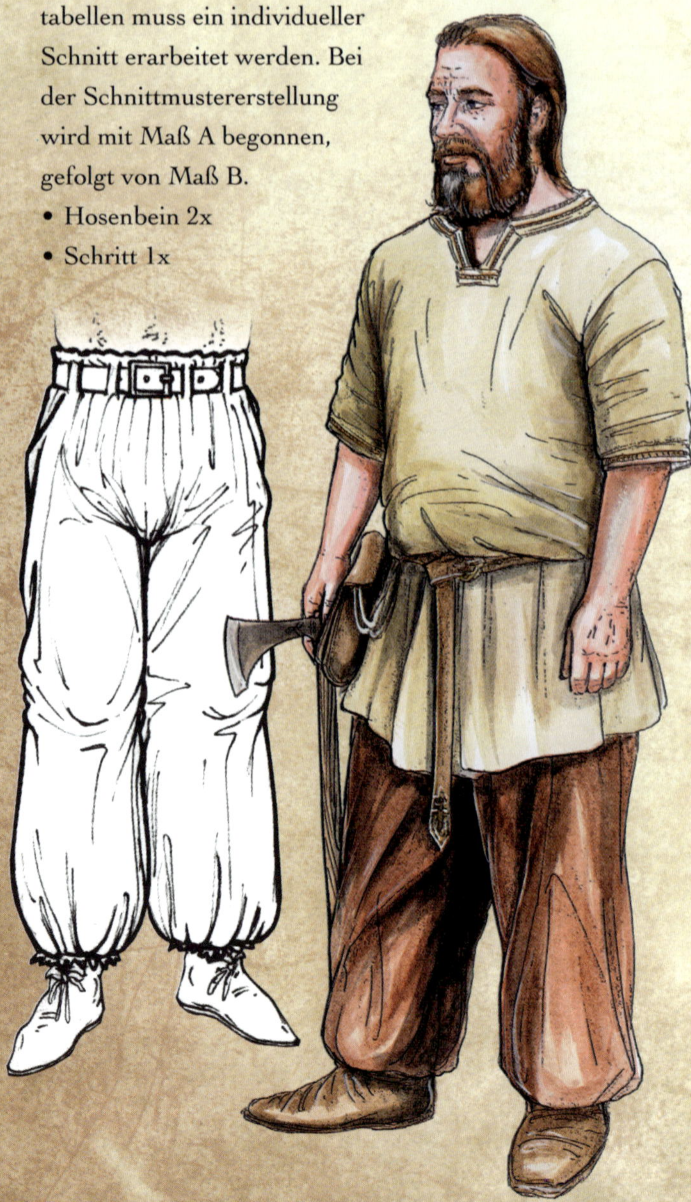

Material

- Wollstoff, 180–230 cm x 150 cm Stoffbreite
- Kordeln

Zuschnitt

Stoff längsseits falten, damit er doppelt liegt. Schnittmuster auf den Stoff legen und mit Stecknadeln feststecken. Mit einem Kreidestift die Schnittlinien markieren. Nicht die Nahtzugaben vergessen! Schnittmusterpapier herunternehmen und den Stoff an den Kreidelinien entlang ausschneiden.

Nähanleitung

Die beiden Hosenbeine an den längeren Enden bis zur Schrittmarkierung zusammennähen.

Das Schrittteil an die kürzeren Enden bis zur Schrittmarkierung annähen. Die Länge der Hose oben und unten abstecken. Den Bund und die Enden der Hosenbeine breit säumen, so dass Tunnelzüge entstehen. Kordeln durch die Tunnelzüge ziehen.

Variante

Für eine Verwendung als Rushose sollte der Schnitt (Maß A) verbreitert werden.

	A	B	C	D
S	80	100	10	85
M	90	105	12	85
L	100	110	14	90
XL	110	115	16	90

Alle Maßangaben in Zentimeter

GAMASCHEN/ BEINLINGE

SCHWIERIGKEIT: ANFÄNGER

	A	B	C	D	E	F	G
S	4	60	19	93	38	48	30
M	4	64	19	95	42	49	32
L	4	68	19	97	46	50	34
XL	4	72	19	99	50	51	36

Alle Maßangaben in Zentimeter

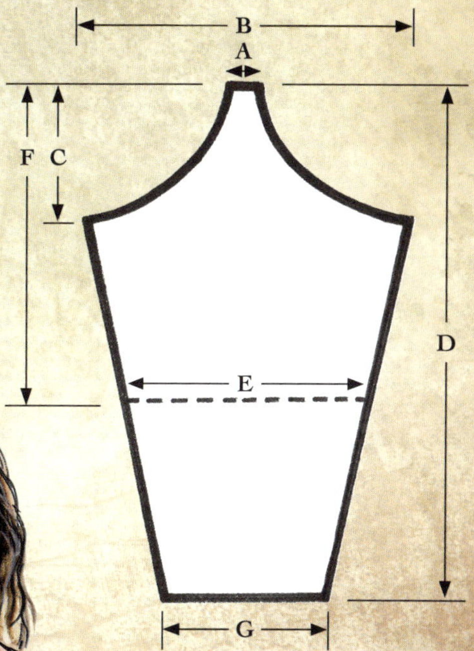

Gamaschen sind fußlose Überstrümpfe, die entweder aus zwei eng anliegenden Röhren bestehen oder aus einzelnen Binden gewickelt werden. Beide Formen sind durch Grabfunde überliefert. Eine längere Form der Gamaschen sind die Beinlinge, die fast schon einem Hosenbein ähneln.

Gamaschen und Beinlinge sollten aus einem dehnbaren Material gearbeitet werden. Es bietet sich ein weicher Wollstoff an. Wenn die Beinlinge aus Leinen angefertigt werden, sollte der Schnitt diagonal zum Fadenlauf aufgelegt und ausgeschnitten werden. Dadurch wird der Beinling querelastisch.

Beinlinge und Gamaschen müssen individuell abgesteckt werden, da sie eng anliegen sollen.

Schnitt

Der Schnitt ist in Größe M dargestellt. Mithilfe der Maßtabellen muss ein individueller Schnitt erarbeitet werden. Bei der Schnittmustererstellung wird mit Maß A begonnen, gefolgt von Maß B.

- Gamaschen/Beinling 2x

Material

- Wollstoff 50–110 cm x 150 cm Stoffbreite
- Kordeln oder Lederbänder zum Durchziehen

Zuschnitt

Stoff längsseits falten, damit er doppelt liegt. Schnittmuster auf den Stoff legen und mit Stecknadeln feststecken. Mit einem Kreidestift die Schnittlinien markieren. Nicht die Nahtzugaben vergessen! Schnittmusterpapier herunternehmen und den Stoff an den Kreidelinien entlang ausschneiden.

Nähanleitung

Jeweils zwei Stoffteile zu einer Röhre zusammennähen. Die Länge und Weite der Beinlinge abstecken. Die Beinlinge säumen, die obere Spitze als Letztes umschlagen. Die Bänder entweder durch die entstandenen Tunnelzüge ziehen oder dafür zwei Knopflöcher sticken.

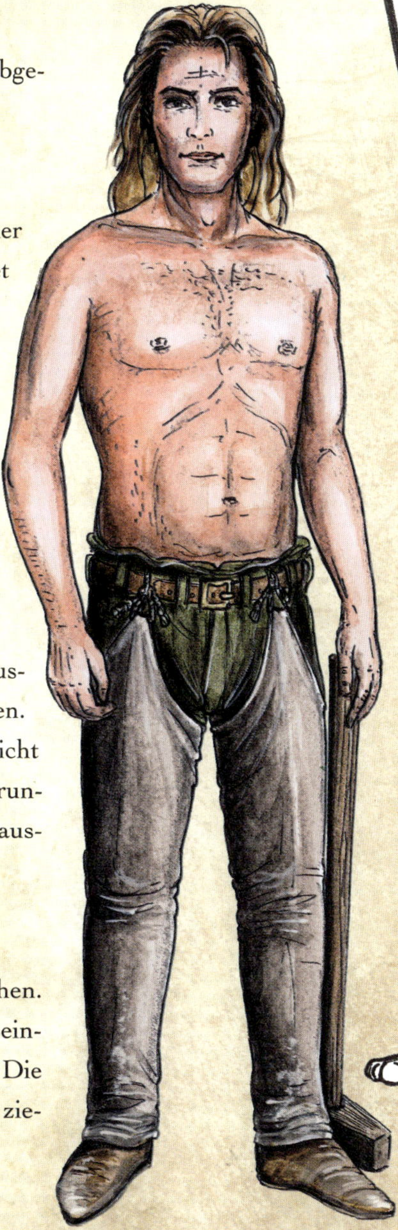

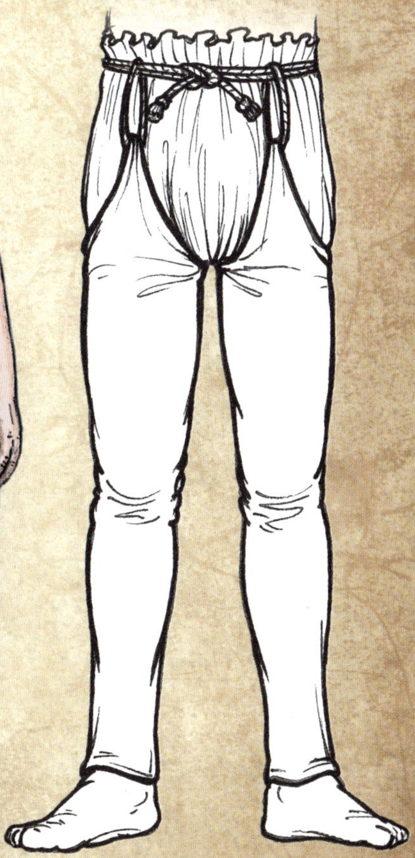

Kappe

Schwierigkeit: Anfänger

Sowohl für sommerliche als auch für winterliche Wikingerdarstellungen ist eine gute Kopfbedeckung zum Schutz vor Sonne und Regen unerlässlich. Diese einfache Kappe kann aus sommerlichem Leinen oder auch aus Loden und Wolle mit Fellbesatz für den Winter gearbeitet werden.

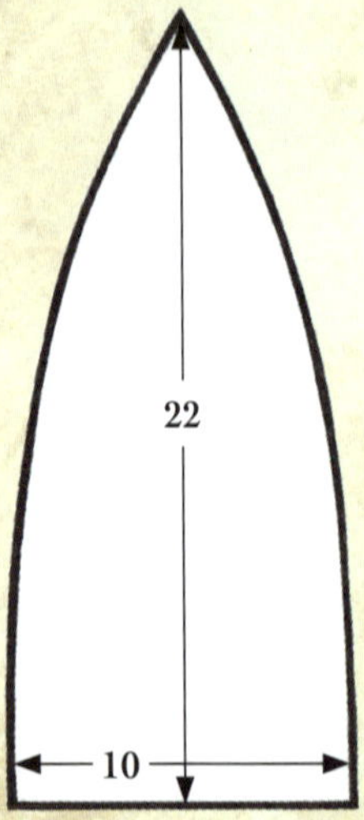

Schnitt

Der Schnitt ist für einen Kopfumfang von ca. 60 cm bemessen und muss bei Bedarf angepasst werden.

- Kappenteil 6x

Material

- Wollstoff- oder Leinenreste

Zuschnitt

Das Kappenteil sechsmal zuschneiden.

Nähanleitung

Die Kappenteile zusammennähen und die Kappe säumen.

Variante

Füttert die Kappe mit einem andersfarbigen Stoff ab (siehe *Nählexikon: Abfüttern*) und verziert die Kante mit einer Brettchenborte oder einem Besatz.

Mütze

Schwierigkeit: Anfänger

Ebenso wie die Kappe kann auch diese Mütze an verschiedene Jahreszeiten angepasst werden. Der Zipfel wird meist seitlich getragen und teilweise mit einer Brettchenborte oder Metallenden verziert. Er kann auch mit einer Fibel fixiert werden.

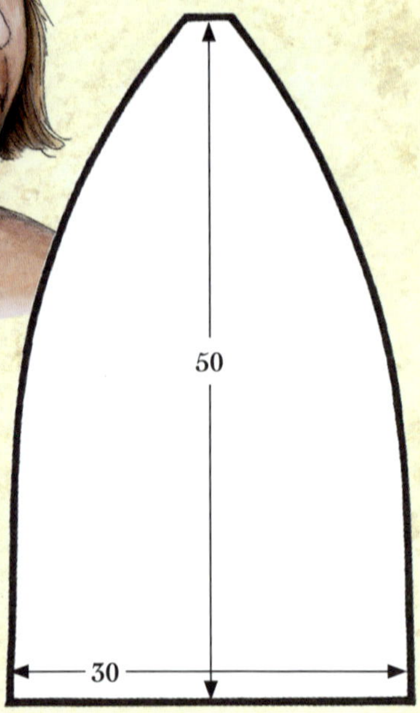

Schnitt

Der Schnitt ist für einen Kopfumfang von ca. 60 cm bemessen und muss bei Bedarf angepasst werden.

- Mützenteil 2x

Material

- Wollstoff- oder Leinenreste

Zuschnitt

Das Mützenteil zweimal zuschneiden.

Nähanleitung

Die Mützenteile zusammennähen und die Mütze säumen.

Variante

Füttert die Mütze mit einem andersfarbigen Stoff ab (siehe *Nählexikon: Abfüttern*) und verziert die Kante mit einer Brettchenborte oder einem Besatz, z. B. aus Fell.

Kapuze

Schwierigkeit: Anfänger

Diese Kapuze wirkt wie der Vorläufer einer Gugel. Ein ähnliches Kleidungsstück wurde in einem Grab in Haithabu gefunden. Der Kapuzenschnitt ist bewusst einfach gehalten und lässt sich dadurch einfach nachnähen. Es handelt sich dabei um einen gefalteten Schal, der mit Keilen unten erweitert wird. Die Kapuze ist sehr kurz und kann so auch unter dem Kragen einer Jacke getragen werden. Gerade bei starkem Wind ist das sehr angenehm, weil nicht ständig der untere Rand hochklappt und dem Träger ins Gesicht geweht wird. Auf heutigen Wikingermärkten werden Kapuzen und Gugeln sowohl von Männern als auch von Frauen getragen.

Die Gugel sollte aus Loden oder einem Filzgewebe angefertigt werden.

Schnitt

Der Schnitt ist für einen normalen Kopf bemessen. Sollte die Kapuze für einen sehr großen Erwachsenen oder ein Kind angefertigt werden, muss der Schnitt entsprechend verkleinert oder vergrößert werden.

- Kapuze 1x
- Keil 4x
- Zipfel 1x

Material

- Wollstoff- oder Leinenreste

Zuschnitt

Stoff längsseits falten, damit er doppelt liegt. Schnittmuster auf den Stoff legen und mit Stecknadeln feststecken. Mit einem Kreidestift die Schnittlinien markieren. Nicht die Nahtzugaben vergessen! Schnittmusterpapier herunternehmen und den Stoff an den Kreidelinien entlang ausschneiden.

Nähanleitung

Die Kapuze an den gepunkteten Linien einschneiden. Die vier Keile einnähen (siehe *Nählexikon: Keile einnähen*). Den Zipfel an den beiden Längsseiten zusammen und an die Kapuze annähen. Die vordere und hintere Kapuzennaht vom Passzeichen bis zum Keil schließen. Die Kapuze säumen.

Variante

Ihr könnt statt vier Keilen auch zwei, sechs oder acht benutzen. Die Kapuze wird dann entsprechend enger oder weiter. Je länger die Kapuze ist, desto weiter muss sie auch sein.

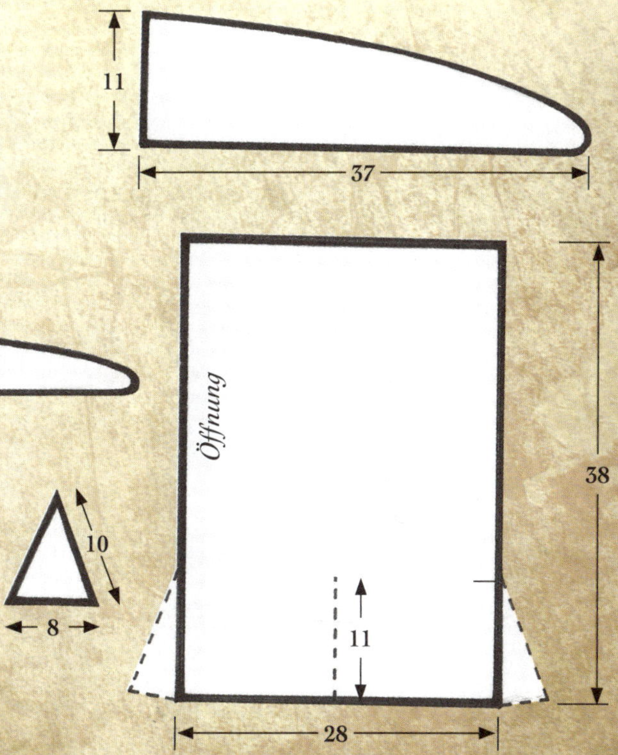

Gugel

Schwierigkeit: Könner

Diese Gugel ist deutlich länger als die Kapuze. Die Schulterpartie wird bedeckt und so vor Regen geschützt. Zudem kann der lange Zipfel um den Hals geschlungen und mit einer Fibel befestigt werden, was zusätzliche Wärme spendet. Durch das separate Zuschneiden des vorderen Keils hält sich der Stoffverbrauch in Grenzen.

Die Gugel sollte aus Loden oder einem Wollstoff angefertigt werden.

Beim Nähen daran denken, dass alle Rundungen eingeschnitten werden müssen (siehe *Nählexikon: Verstürzen*).

Schnitt

Der Schnitt ist für einen normalen Kopf bemessen. Sollte die Gugel für einen sehr großen Erwachsenen oder ein Kind angefertigt werden, muss der Schnitt entsprechend verkleinert oder vergrößert werden.

- Gugelhälfte 2x
- Keil 1x
- Zipfelverlängerung 2x

Material

- Wollstoff, 80 cm x 150 cm Stoffbreite

Zuschnitt

Stoff längsseits falten, damit er doppelt liegt. Schnittmuster auf den Stoff legen und mit Stecknadeln feststecken. Den Keil im Stoffbruch auflegen. Mit einem Kreidestift die Schnittlinien markieren. Nicht die Nahtzugaben vergessen! Schnittmusterpapier herunternehmen und den Stoff an den Kreidelinien entlang ausschneiden.

Nähanleitung

Die beiden Zipfelverlängerungen an die Kapuzenzipfel annähen. Vorder- und Rückenteil an der oberen und an der hinteren Naht zusammennähen. Vorderen Keil einsetzen. Restliche Naht bis zum Kinn schließen. Gugel säumen.

Variante

Füttert die Gugel mit einem andersfarbigen Stoff ab (siehe *Nählexikon: Abfüttern*).

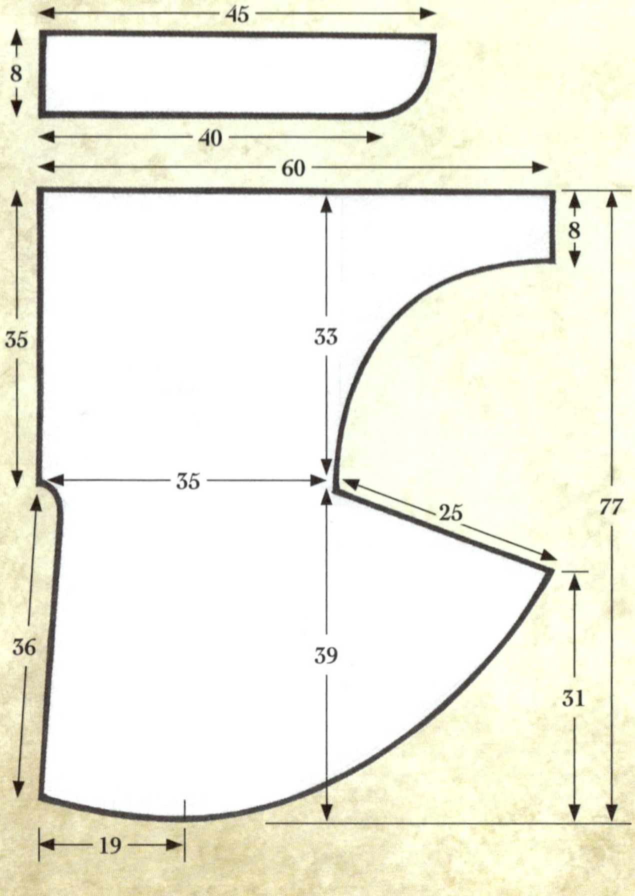

Rechteckmantel

Schwierigkeit: Anfänger

Rechteckmäntel sind vor allem aus der Eisenzeit bekannt. In unterschiedlichen Mooren wurden gewebte Stoffvierecke in verschiedenen Größen gefunden, die alle aus einem Stück gewebt waren und weder Nähte noch genähte Kantenversäuberungen aufwiesen. In einigen Fällen wurde die Kante mit Brettchenweberei gearbeitet und mit Fransen verziert. Die Herstellung einiger dieser Mäntel, z. B. des berühmten Mantels aus dem Thorsbergfund, muss immens viel Zeit und Kunstfertigkeit erfordert haben. Heutzutage wäre eine solche Arbeit aus handwerklicher Sicht nahezu unmöglich.

Generell ist die Alltagstauglichkeit eines Rechteckmantels fraglich. Weder auf einem Schiff noch bei der Feldarbeit wäre ein solches Kleidungsstück sinnvoll einsetzbar. Seine Wirkung entfaltet ein Rechteckmantel wohl erst an den Schultern eines Mannes, der seinen Reichtum oder sein Schwert zur Schau stellen möchte.

Der Rechteckmantel wird zum Tragen in der Mitte gefaltet, die Faltkante wird um die Schultern gelegt und an der Schwertseite mit einer Fibel zusammengehalten. Es erhöht den Tragekomfort, wenn der Mantel zusätzlich mit einer kleinen Fibel an der darunter liegenden Tunika befestigt wird. Die Anleitung ist nicht für einen aus einem Stück gewebten Mantel, sondern für einen, der aus einem handelsüblichen Stück Stoff angefertigt und erst nachträglich mit Fransen versehen wird.

Schnitt

Der Schnitt hat eine universelle Größe und muss bei Bedarf angepasst werden.

- Mantelstück

Optional

- Fibel

Material

- Wollstoff, 250 cm x 180 cm Stoffbreite
- Brettchenborte
- Wollfransen

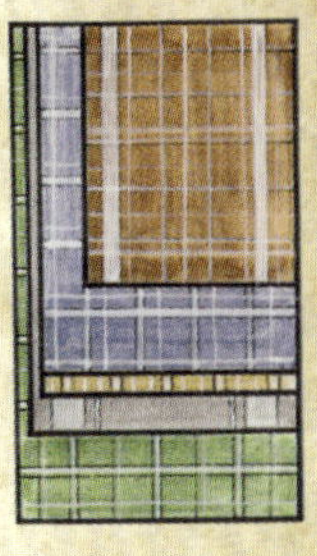

Verschiedene Größen im Vergleich

Zuschnitt

Ein Stoffrechteck zuschneiden.

Nähanleitung

Die Ränder versäubern bzw. säumen und umlaufend mit Fransen bzw. Brettchenborten verzieren.

Gewandungen Weibsvolk

Unterkleid einfach

Schwierigkeit: Anfänger

Dieses Unterkleid ist einfach zu nähen und verbraucht wenig Stoff. Es ist A-förmig geschnitten, die Ärmel ähneln einem Pentagon und verjüngen sich nach unten. Im Vergleich mit den gerade geschnittenen Kleidern der Eisenzeit besitzt dieses Kleid eine genauere Passform und sitzt vor allem an der Schulterpartie etwas besser. Der Schnitt ist ähnlich den Grabfunden in Herjolfness, aber stark vereinfacht, indem die Seitenteile weggelassen wurden, wodurch auch die Ärmelform deutlich simpler ist.

Sollte dieser Schnitt für übereinander zu tragende Ober- und Unterkleider verwendet werden, so sollte das Oberkleid einige Zentimeter größer ausfallen, damit die Kleider locker übereinander liegen.

Das Kleid kann aus Wolle oder Leinen gearbeitet werden.

Schnitt

Der Schnitt ist in Größe M dargestellt. Mithilfe der Maßtabellen muss ein individueller Schnitt erarbeitet werden. Bei der Schnittmustererstellung wird mit Maß A begonnen, gefolgt von Maß C.

- Vorderteil 1x
- Rückenteil 1x
- Ärmel 2x (im Stoffbruch)
- Keil 2x

Optional

- Besatz

Material

- Leinen, 280 cm x 150 cm Stoffbreite

Zuschnitt

Stoff längsseits falten, damit er doppelt liegt. Schnittmuster auf den Stoff legen und mit Stecknadeln feststecken. Mit einem Kreidestift die Schnittlinien markieren. Nicht die Nahtzugaben vergessen! Schnittmusterpapier herunternehmen und den Stoff an den Kreidelinien entlang ausschneiden.

Nähanleitung

Vorder- und Rückenteil an den Schulternähten zusammennähen. Die Ärmel an das Vorder- und Rückenteil annähen. Die Seitennähte der Ärmel schließen. Das Vorder- und Rückenteil an den Seiten unterhalb der Ärmel bis zur Keilmarkierung zusammennähen. Die seitlichen Keile einsetzen (siehe *Nählexikon: Keil einnähen*). Das Kleid und die Ärmel abstecken und alles auf die gewünschten Maße kürzen. Die Ärmel und das Kleid säumen.

Den Halsausschnitt entweder mit einem Besatz verstürzen (siehe *Nählexikon: Verstürzen*) oder mit einem Rollrand säumen.

Variante

Bei einer Verwendung als Überkleid sollte auch vorne und hinten je ein Keil eingesetzt werden.

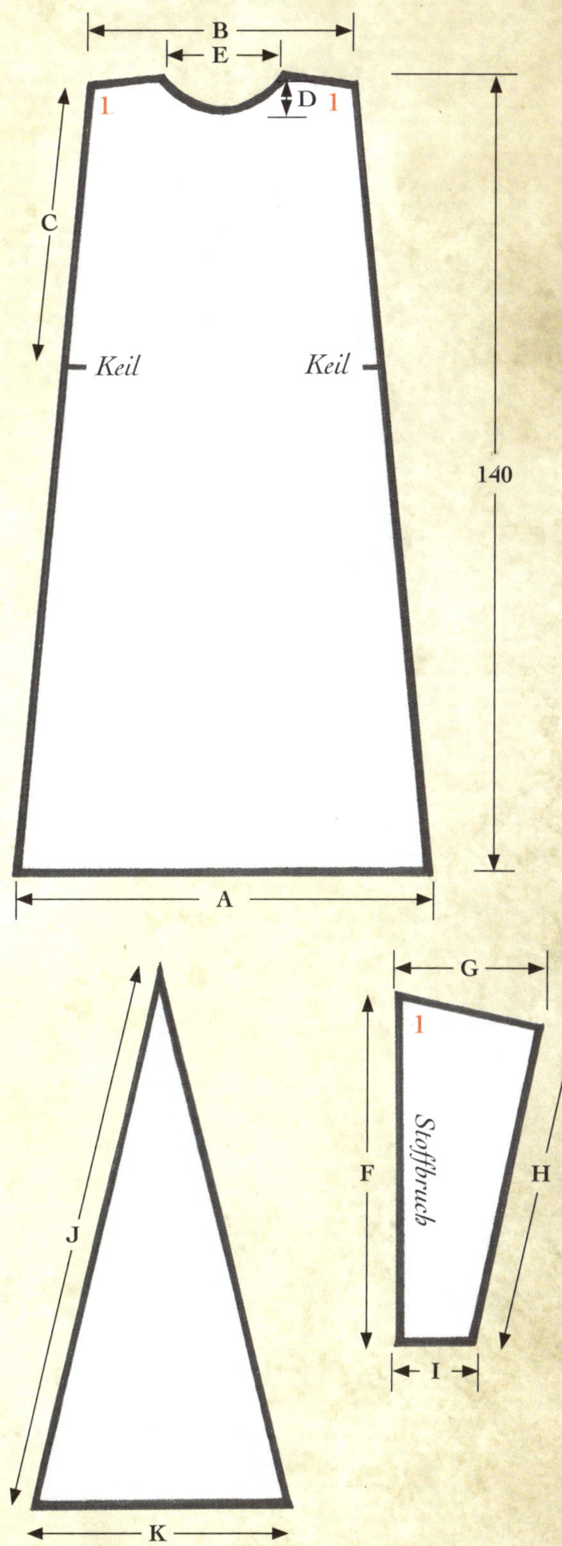

	A	B	C	D	E	F	G	H	I	J	K
S	75	40	50	6	22	58	25	54	13	90	45
M	75	44	50	6	22	55	27	51	14	90	45
L	75	48	50	7	22	52	29	48	15	90	45
XL	75	52	50	7	22	49	31	45	16	90	45

Alle Maßangaben in Zentimeter

Unterkleid tailliert

Schwierigkeit: Experte

Das taillierte Unterkleid besitzt von den in diesem Buch vorgestellten Kleidern die modernste Passform. Es ähnelt schon sehr unseren heutigen Kleidern. Die Ärmelkugeln sind rund und sitzen in runden Öffnungen. Das Kleid sieht gut aus und ist bequem zu tragen. Diese Form kann nicht nur hervorragend für ein Oberkleid, sondern auch ebenso gut für einen Mantel, vielleicht sogar mit einem Leinenfutter und einer Füllung aus Federn und Daunen versehen, verwendet werden.

Sollte dieser Schnitt für Ober- und Unterkleid verwendet werden, so muss der Zuschnitt für das Oberkleid einige Zentimeter größer ausfallen, damit die Kleider locker übereinander liegen.

Das Kleid kann aus Wolle oder Leinen gearbeitet werden.

Schnitt

Der Schnitt ist in Größe M dargestellt. Mithilfe der Maßtabellen muss ein individueller Schnitt erarbeitet werden. Bei der Schnittmustererstellung wird mit Maß A begonnen, gefolgt von Maß B.

- Vorderteil 1x (im Stoffbruch)
- Rückenteil 2x
- Ärmel 2x

Optional

- Besatz

Material

- Leinen, 280 cm x 150 cm Stoffbreite

Zuschnitt

Stoff längsseits falten, damit er doppelt liegt. Schnittmuster auf den Stoff legen und mit Stecknadeln feststecken. Mit einem Kreidestift die Schnittlinien markieren. Nicht die Nahtzugaben vergessen! Schnittmusterpapier herunternehmen und den Stoff an den Kreidelinien entlang ausschneiden.

Nähanleitung

Die offene Naht des Rückenteils schließen. Vorder- und Rückenteil an den Schulternähten zusammennähen. Die Seitennähte des Vorder- und Rückenteils und die Seitennähte der Ärmel schließen. Die Ärmel einsetzen (siehe *Nählexikon: Ärmel einsetzen*). Kleid und Ärmel abstecken und säumen. Den Halsausschnitt entweder mit einem Besatz verstürzen (siehe *Nählexikon: Verstürzen*) oder mit einem Rollrand säumen.

Variante

Legt bei einer Verwendung als Mantel das Rückenteil im Stoffbruch und das Vorderteil an der offenen Stoffkante an. Gebt dabei eine Zugabe für das Umnähen der vorderen Verschlusskante oder sogar einer Knopfleiste hinzu. Wenn ihr den Mantel abgefüttert habt und ihn mit einer Feder- oder Daunenfüllung versehen wollt, fixiert das Futter punktuell, damit die Federn beim Tragen verteilt bleiben.

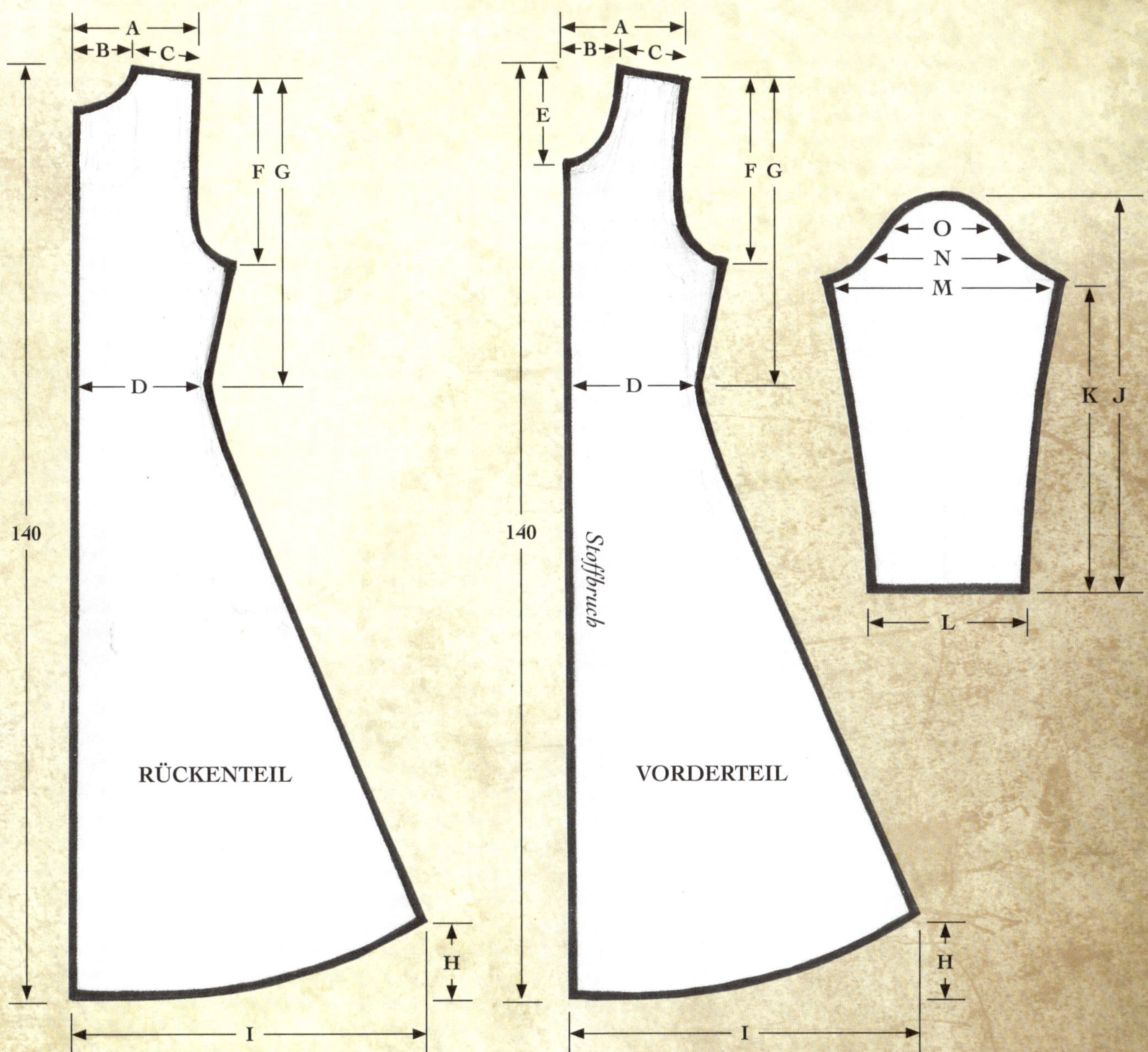

	A	B	C	D	E	F	G	H	I	J	K	L	M	N	O
S	23	11	8	18	10	21	42	9	55	59	45	25	39	26	17
M	25	12	8	20	10	22	42	9	55	60	45	26	41	27	18
L	27	12	9	22	10	23	42	9	55	61	45	26	43	28	19
XL	29	13	9	25	10	24	42	9	55	62	45	26	45	29	20

Alle Maßangaben in Zentimeter

Überkleid mit Keilen

Schwierigkeit: Experte

Das taillierte Überkleid entspricht in der Beschreibung weitestgehend dem taillierten Unterkleid. Es ist eine edlere Variante desselben und sollte aus feiner Wolle gearbeitet werden. Vier Keile geben dem Rock einen zusätzlichen Schwung, und andersfarbige Besätze am Ausschnitt und den Ärmeln ziehen die Blicke auf sich. Eine Taillierung hebt die Figur der Trägerin positiv hervor.

Wenn das Überkleid in Verbindung mit dem taillierten Unterkleid getragen wird, sollte es etwas weiter gearbeitet werden, damit die Kleider lose aufeinander liegen.

Schnitt

Mithilfe der Maßtabellen muss ein individueller Schnitt erarbeitet werden. Bei der Schnittmustererstellung wird mit Maß A begonnen, gefolgt von Maß B.

- Vorderteil 1x (im Stoffbruch)
- Rückenteil 2x
- Ärmel 2x
- Keile 4x
- andersfarbige Besätze

Optional

- Brosche zum Verschließen des Schlitzes

Material

- Wolle, 420 cm x 150 cm Stoffbreite

Zuschnitt

Stoff längsseits falten, damit er doppelt liegt. Schnittmuster auf den Stoff legen und mit Stecknadeln feststecken. Mit einem Kreidestift die Schnittlinien markieren. Nicht die Nahtzugaben vergessen! Schnittmusterpapier herunternehmen und den Stoff an den Kreidelinien entlang ausschneiden.

Am Vorderteil den Schlitz für den Keil und den Schlitz am Ausschnitt (siehe *Nählexikon: Ausschnitt mit Schlitz*) einschneiden. Die Besätze aus andersfarbigem Stoff zuschneiden (siehe *Farbige Besätze*).

Vier Keile anfertigen (siehe *Nählexikon: Keile zuschneiden/einnähen* oder nach Schnittmuster).

Nähanleitung

Die offene Naht des Rückenteils bis zur Keilmarkierung schließen. Vorder- und Rückenteil an den Schulternähten zusammennähen. Die Seitennähte des Vorder- und Rückenteils bis zur Keilmarkierung und die Seitennähte der Ärmel schließen. Keile und Ärmel einsetzen. Kleid und Ärmel abstecken und säumen. Den Halsausschnitt entweder mit einem Besatz verstürzen (siehe *Nählexikon: Verstürzen*) oder mit einem Rollrand säumen.

Variante

Schneidet die Keile aus demselben Material zu wie den Besatz.

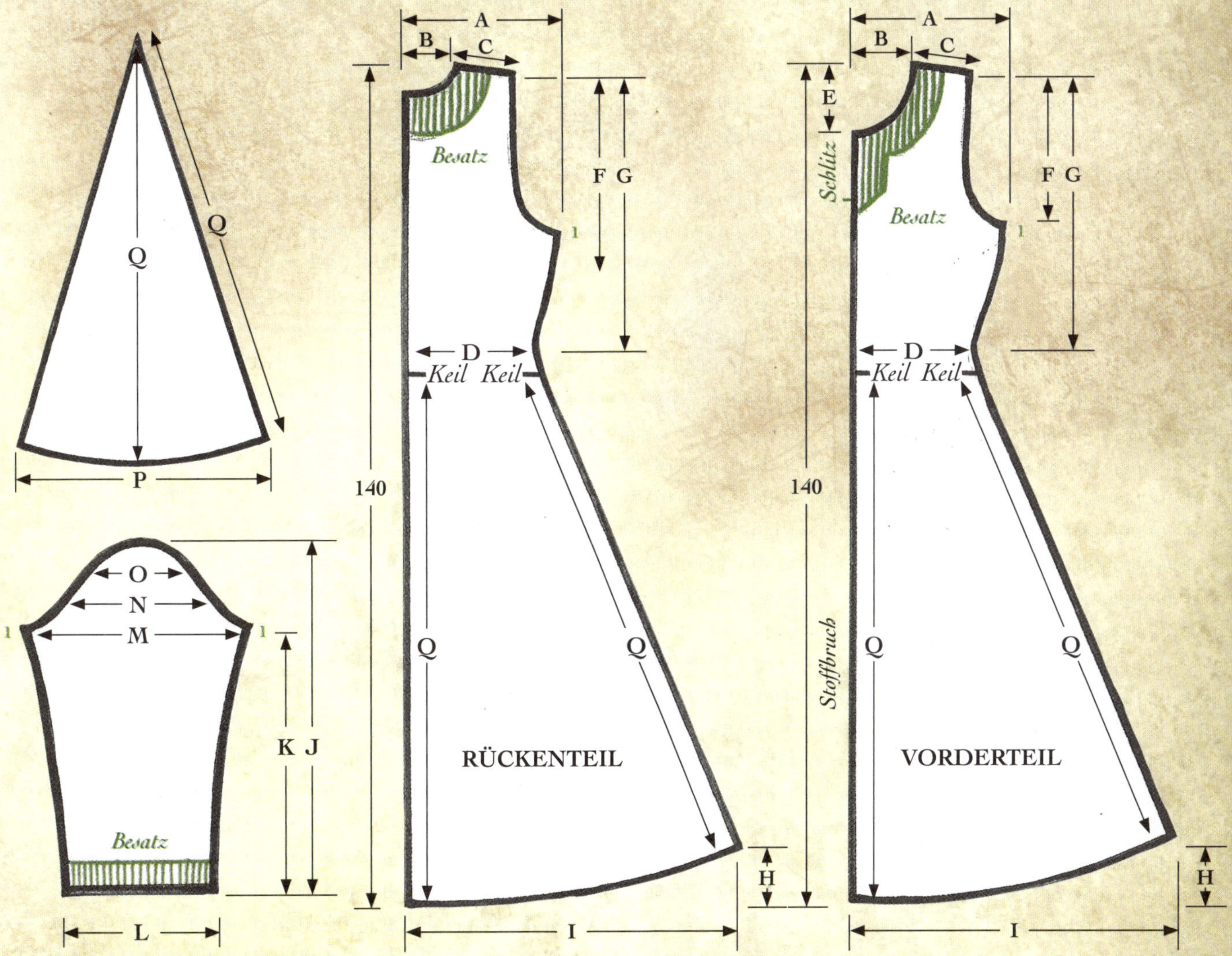

	A	B	C	D	E	F	G	H	I	J	K	L	M	N	O	P	Q
S	23	11	8	18	10	21	42	9	55	59	45	25	39	26	17	61	93
M	25	12	8	20	10	22	42	9	55	60	45	26	41	27	18	61	93
L	27	12	9	22	10	23	42	9	55	61	45	26	43	28	19	61	93
XL	29	13	9	25	10	24	42	9	55	62	44	26	45	29	20	61	93

Alle Maßangaben in Zentimeter

Überkleid Schürze

Schwierigkeit: Anfänger

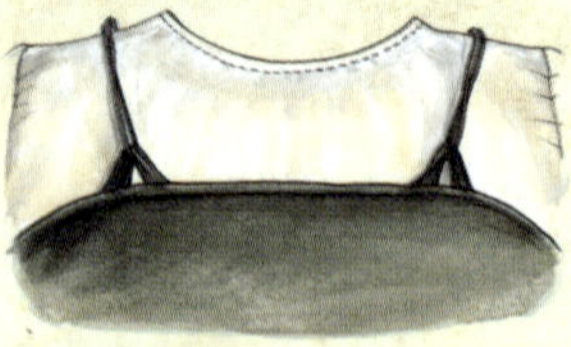

Diese Schürze ist im Bereich der Wikingerdarstellung ein häufig anzutreffendes Gewandungsteil. Sie eignet sich in Verbindung mit einem schlichten Unterkleid besonders für Nähanfänger. Da man keine speziellen Rundungen oder Schnittformen beachten muss, ist sie ein dankbares Probestück für Stickereien jeglicher Art.

Die Träger bestehen aus breiten Bändern, die am Vorder- und Rückenteil angenäht oder mit Fibeln befestigt werden, oder aus schmalen Riemen, die durch gestickte Ösen oder angenähte Schlaufen gezogen werden. Beispiel: Bild rechts oben

Das Kleid kann aus Wolle oder Leinen gearbeitet werden.

Schnitt

Zwei rechteckige Stoffstücke gemäß Maß A und Maß B in der Maßtabelle ausschneiden.

- rechteckiges Vorderteil 1x
- rechteckiges Rückenteil 1x
- Bänder oder schmale Riemen

Material

- Leinen, 105 cm x 150 cm Stoffbreite oder Reststück

Zuschnitt

Stoff längsseits falten, damit er doppelt liegt. Schnittmuster auf den Stoff legen und mit Stecknadeln feststecken. Mit einem Kreidestift die Schnittlinien markieren. Nicht die Nahtzugaben vergessen! Schnittmusterpapier herunternehmen und den Stoff an den Kreidelinien entlang ausschneiden.

Nähanleitung

Die beiden Stoffstücke säumen. Die Länge und den Sitz der Bänder oder Riemen anpassen und die Träger am Vorder- und Rückenteil anbringen.

Variante

Befestigt an den Seiten auf Taillenhöhe zwei schmale Bindebänder, so könnt ihr das Schürzenkleid auch ohne Gürtel tragen.

Alternativ könnt ihr die beiden Schürzenlappen auch seitlich bis zur Taille zusammennähen. In diesem Fall muss die Breite der beiden Lappen zusammen mindestens den Brustumfang plus 4 cm zum tiefen Einatmen betragen.

	A	B
S	100	31
M	100	35
L	100	39
XL	100	43

Alle Maßangaben in Zentimeter

Trägerkleid mit Falten

Schwierigkeit: Können

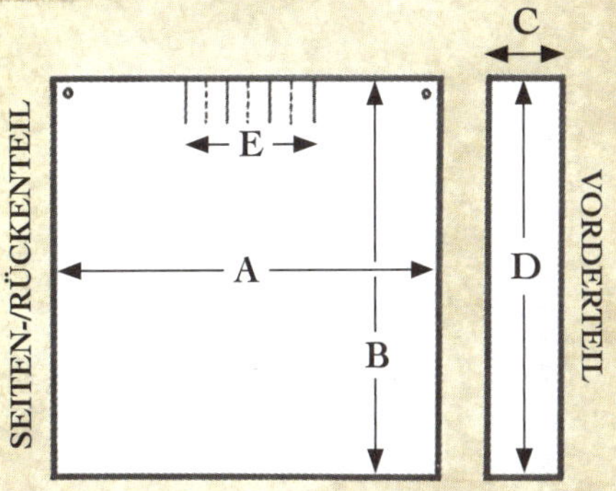

Dieses Trägerkleid ist an den Seiten geschlossen und vorne offen. Es wird vorne über der Brust durch Bänder zusammengehalten. Ein eingehängtes Stoffteil verdeckt die Bänder und das Unterkleid. Dieser Einsatz eignet sich gut, um ähnlich wie bei dem Schürzenkleid verziert zu werden. Durch rückwärtige Falten wird das Kleid in Form gebracht.

Die Träger bestehen aus breiten Bändern, die am Vorder- und Rückenteil angenäht oder mit Fibeln befestigt werden, oder aus schmalen Riemen, die durch gestickte Ösen oder angenähte Schlaufen gezogen werden. Beispiel: Bild Seite 38 oben

Das Kleid kann aus Wolle oder Leinen gearbeitet werden.

Schnitt

Der Schnitt ist in Größe M dargestellt. Mithilfe der Maßtabellen muss ein individueller Schnitt erarbeitet werden. Bei der Schnittmustererstellung wird mit Maß A begonnen, gefolgt von Maß B.

- Vorderteil 1x
- Rücken-/Seitenteil 1x
- Bänder oder schmale Riemen

Material

- Wolle oder Leinen, 120–180 cm x 150 cm Stoffbreite

Zuschnitt

Stoff auseinanderfalten. Schnittmuster auf den Stoff legen und mit Stecknadeln feststecken. Mit einem Kreidestift die Schnittlinien markieren. Nicht die Nahtzugaben vergessen! Schnittmusterpapier herunternehmen und den Stoff an den Kreidelinien entlang ausschneiden.

Nähanleitung

Die beiden Stoffstücke säumen. Bei dem Rücken-/Seitenteil den gekennzeichneten Bereich E in 4 cm breite Falten legen. Bindebänder oder Ösen für Bänder anbringen, mit denen das Überkleid unter dem eingehängten Stoffteil zusammengehalten werden kann. Die Länge und den Sitz der Bänder oder Riemen anpassen und die Träger am Vorder- und Rückenteil anbringen.

	A	B	C	D	E
S	111	120	20	120	36
M	119	120	23	120	36
L	127	120	25	120	36
XL	135	120	28	120	36

Alle Maßangaben in Zentimeter

Trägerkleid mit zwei Keilen

Schwierigkeit: Anfänger

Dieses Trägerkleid ist an den Seiten geschlossen und vorne offen. Zwei Keile sorgen für mehr Weite. Vor der vorderen Öffnung verdeckt ein eingehängtes Stoffteil das Unterkleid. Dieser Einsatz eignet sich gut, um ähnlich wie bei dem Schürzenkleid verziert zu werden.

Die Träger bestehen aus breiten Bändern, die am Vorder- und Rückenteil angenäht oder mit Fibeln befestigt werden, oder aus schmalen Riemen, die durch gestickte Ösen oder angenähte Schlaufen gezogen werden.

Das Kleid kann aus Wolle oder Leinen gearbeitet werden.

Schnitt

Der Schnitt ist in Größe M dargestellt. Mithilfe der Maßtabellen muss ein individueller Schnitt erarbeitet werden. Bei der Schnittmustererstellung wird mit Maß A begonnen, gefolgt von Maß B.

- Vorderteil 1x
- Rücken-/Seitenteil 1x
- Keile 2x
- Bänder oder Riemen

Material

- Wolle oder Leinen, 220 cm x 150 cm Stoffbreite

Zuschnitt

Stoff auseinanderfalten. Schnittmuster auf den Stoff legen und mit Stecknadeln feststecken. Mit einem Kreidestift die Schnittlinien markieren. Nicht die Nahtzugaben vergessen! Schnittmusterpapier herunternehmen und den Stoff an den Kreidelinien entlang ausschneiden.

Nähanleitung

Den Stoff an den Markierungen für die Keile einschneiden. Die beiden Stoffstücke säumen. Die Keile einsetzen (siehe *Nählexikon: Keile einsetzen*). Bindebänder oder Ösen für Bänder anbringen, mit denen das Überkleid unter dem eingehängten Stoffteil zusammengehalten werden kann. Die Länge und den Sitz der Bänder oder Riemen anpassen und die Träger am Vorder- und Rückenteil anbringen.

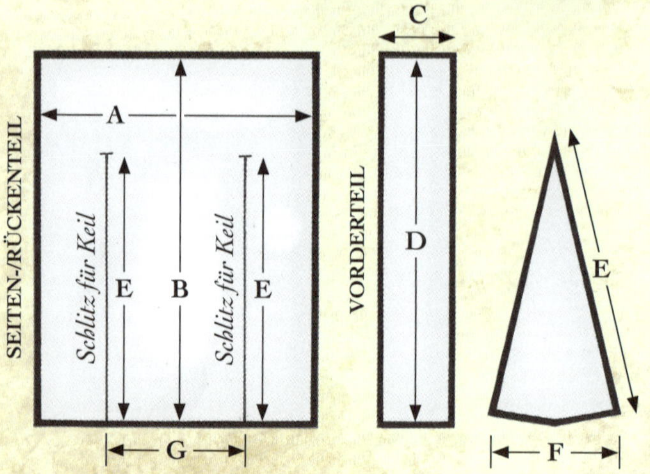

	A	B	C	D	E	F	G
S	88	120	20	120	90	40	44
M	96	120	23	120	90	40	48
L	104	120	25	120	90	40	52
XL	112	120	28	120	90	40	56

Alle Maßangaben in Zentimeter

Trägerkleid mit einem Keil

Schwierigkeit: Anfänger

Dieses Kleid eignet sich besonders für handgenähte Nahtverbindungen, da es nur wenig Nähte hat. Der Stoff wird optimal fast ohne Verschnitt genutzt. Da bei diesem Kleid der Fadenlauf diagonal verschoben wird, ist es leicht dehnbar.

Die Träger bestehen aus breiten Bändern, die am Vorder- und Rückenteil angenäht oder mit Fibeln befestigt werden, oder aus schmalen Riemen, die durch gestickte Ösen oder angenähte Schlaufen gezogen werden. Beispiel: Bild Seite 38 oben

Schnitt

Der Schnitt ist in Größe M dargestellt. Mithilfe der Maßtabellen muss ein individueller Schnitt erarbeitet werden. Bei der Schnittmustererstellung wird mit Maß A begonnen, gefolgt von Maß B.

- Stoffstück Trägerkleid 1x
- Keil 1x
- Bänder oder schmale Riemen

Material

- Leinen, 125 cm x 150 cm Stoffbreite

Zuschnitt

Stoff längsseits falten, damit er doppelt liegt. Schnittmuster auf den Stoff legen und mit Stecknadeln feststecken. Mit einem Kreidestift die Schnittlinien markieren. Nicht die Nahtzugaben vergessen! Schnittmusterpapier herunternehmen und den Stoff an den Kreidelinien entlang ausschneiden.

Nähanleitung

Die Seitennaht bis zur Keilmarkierung schließen. Den Keil einsetzen. Das Kleid säumen. Die Länge und den Sitz der Bänder oder Riemen anpassen und die Träger am Vorder- und Rückenteil anbringen.

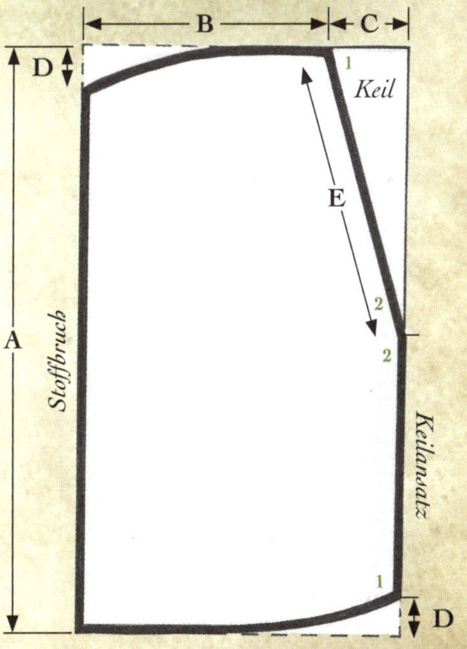

	A	B	C	D	E
S	120	43	15	10	60
M	120	47	15	10	60
L	120	51	15	10	60
XL	120	55	15	10	60

Alle Maßangaben in Zentimeter

Trägerkleid mit Zierflechten

Schwierigkeit: Experte

Dieses Kleid ist angelehnt an einen Fund im Hafen von Haithabu. Dort fand sich ein Textilfragment, welches dem Rückenteil eines Trägerkleides zugeordnet wird (nach Inga Hägg, *Ausgrabungen in Haithabu*. Bericht 20. Die Textilfunde aus dem Hafen von Haithabu. Neumünster 1991). Ungewöhnlich ist die starke Taillierung des Kleides.

Die eng anliegende Form wird durch jeweils zwei vordere und hintere Abnäher erreicht. Diese Abnäher müssen bei einer Anprobe individuell abgesteckt werden. Die Weite des Kleides ist abhängig von der Dehnbarkeit des verwendeten Stoffes.

Bei dem Fund in Haithabu wurde die Naht durch eine durchgehende zweifarbige Zierflechte aus sechs Bändern verdeckt, die vom oberen Saum bis zum unteren Saum reicht.

Das Kleid sollte aus einem dehnbaren Material, am besten aus weichem Wollstoff, angefertigt werden. Wenn ein fester Stoff wie z.B. Leinen in Leinenbindung benutzt wird, muss der Stoff diagonal zum Fadenlauf zugeschnitten werden, dadurch wird er leicht dehnbar.

Da das Kleid sehr eng sein soll, muss es am Körper abgesteckt werden.

Die Träger bestehen aus breiten Bändern, die am Vorder- und Rückenteil angenäht oder mit Fibeln befestigt werden, oder aus schmalen Riemen, die durch gestickte Ösen oder angenähte Schlaufen gezogen werden. Beispiel: Bild Seite 38 oben

Schnitt

Der Schnitt ist in Größe M dargestellt. Mithilfe der Maßtabellen muss ein individueller Schnitt erarbeitet werden. Bei der Schnittmustererstellung wird mit Maß A begonnen, gefolgt von Maß B.

- Vorderteil 1x (im Stoffbruch)
- Rückenteil 2x
- Zierflechten
- Bänder oder schmale Riemen

Material

- Wollstoff 105 cm x 150 cm Stoffbreite

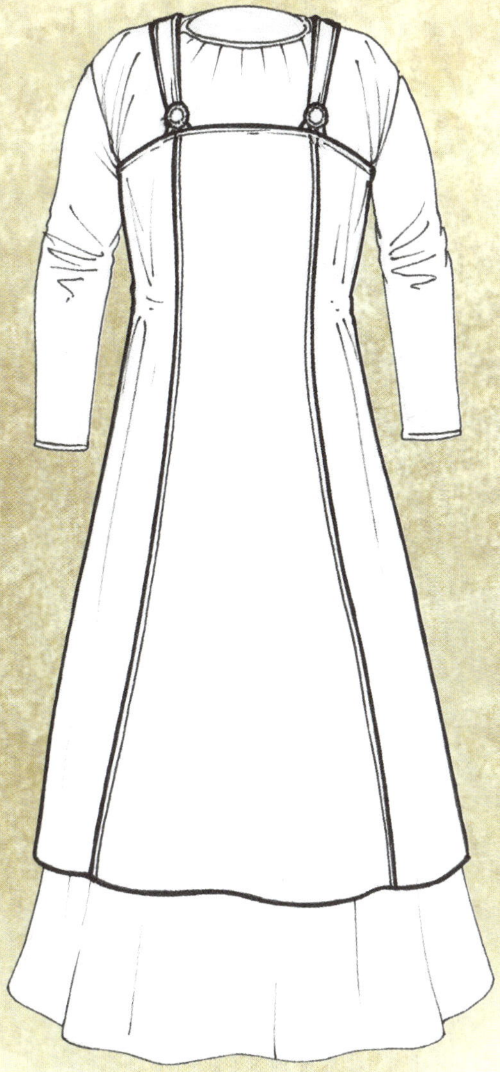

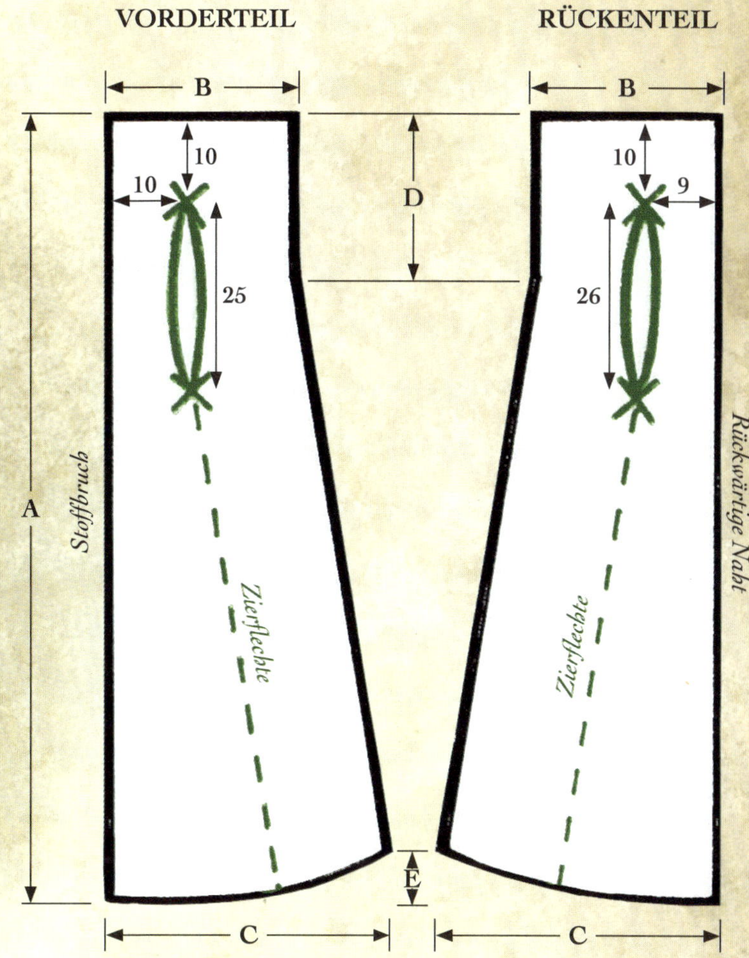

Zuschnitt

Stoff längsseits falten, damit er doppelt liegt. Schnittmuster auf den Stoff legen und mit Stecknadeln feststecken. Mit einem Kreidestift die Schnittlinien markieren. Nicht die Nahtzugaben vergessen! Abnäher auf der linken Seite mit Schneiderkreide anzeichnen. Schnittmusterpapier herunternehmen und den Stoff an den Kreidelinien entlang ausschneiden (die Abnäher nicht ausschneiden).

Nähanleitung

Die hintere Mittelnaht schließen. Vorder- und Rückenteil seitlich zusammennähen. Abnäher abstecken und die angegebenen Endpunkte korrigieren. Abnäher anheften und das Kleid anprobieren. Abnäher nähen. Kleid säumen. Zierflechte parallel zur Seitennaht aufnähen. Die Länge und den Sitz der Bänder oder Riemen anpassen und die Träger am Vorder- und Rückenteil anbringen.

Variante

Solltet ihr das Kleid länger als knielang machen wollen, setzt an den Seiten zusätzliche Keile ein. Ihr könnt die Seitennähte auch unten ein Stück offen lassen, um mehr Gehweite zu bekommen.

	A	B	C	D	E
S	100	21	40	20	4
M	100	23	42	20	4
L	100	25	44	20	4
XL	100	27	46	20	4

Alle Maßangaben in Zentimeter

Mantel

Schwierigkeit: Anfänger

Der Mantel hat nur wenige Nähte und eignet sich somit besonders als Erstlingswerk. Der Halsausschnitt sollte mit einer Fibel oder mit Knöpfen geschlossen werden. Der Mantel ist ein praktisches Gewandungsteil für kalte Frühjahrsabende, wenn vorne das Feuer wärmt, aber hinten der Rücken kalt bleibt.

Dieser Schnitt verbraucht sehr viel Material. Aus den Reststücken können Mützen oder Hauben genäht werden.

Schnitt

Der Schnitt ist in Größe M dargestellt. Mithilfe der Maßtabellen oder der T-Shirt-Methode muss ein individueller Schnitt erarbeitet werden. Bei der Schnittmustererstellung wird mit Maß B begonnen, gefolgt von Maß A.

- Vorderteil 2x
- Rückenteil 1x (im Stoffbruch)

Material

- Wollstoff, 230 cm x 150 cm Stoffbreite
- Verschluss

Zuschnitt

Stoff längsseits falten, damit er doppelt liegt. Schnittmuster auf den Stoff legen und mit Stecknadeln feststecken. Das Rückenteil im Stoffbruch auflegen. Mit einem Kreidestift die Schnittlinien markieren. Nicht die Nahtzugaben vergessen! Schnittmusterpapier herunternehmen und den Stoff an den Kreidelinien entlang ausschneiden.

Nähanleitung

Vorder- und Rückenteil an den Schulternähten zusammennähen. Seitennähte schließen. Mantel säumen. Verschluss anbringen.

Variante

Füttert den Mantel mit Leinenstoff ab. Da der Mantel vorn offen ist, bietet sich ein Futterstoff in einer Kontrastfarbe an. Als Verschluss eignen sich besonders Gewandschließen, wie sie z.B. in Birka gefunden wurden, mit einem Haken und einer Öse.

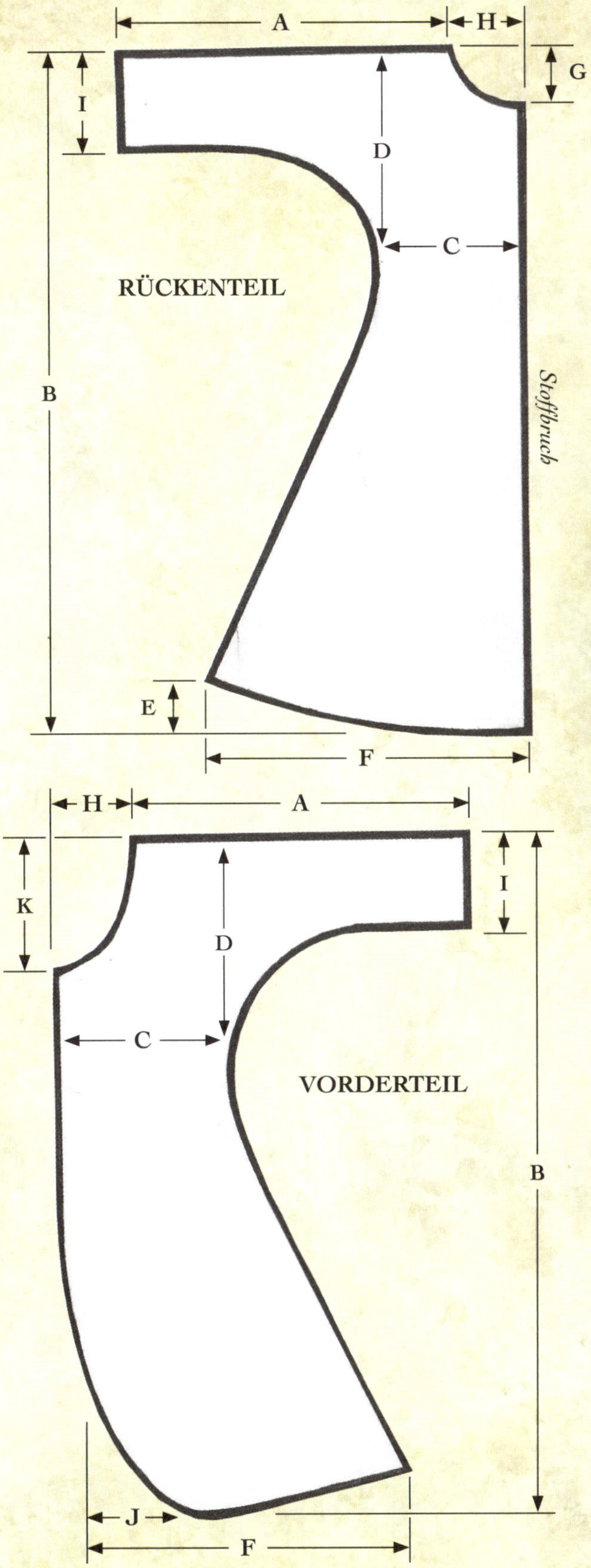

	A	B	C	D	E	F	G	H	I	J	K
S	70	110	23	42	8	55	5	9	20	15	19
M	70	110	25	42	8	57	5	9	21	15	20
L	70	110	27	42	8	59	5	9	22	15	21
XL	70	110	29	42	8	61	5	9	23	15	22

Alle Maßangaben in Zentimeter

Umhang/Schultertuch

Schwierigkeit: Anfänger

Da sich ein rechteckiges Stoffstück kaum einer bestimmten Trageweise oder einem speziellen Nutzen zuordnen lässt, kann nur wenig über die Verwendung von Schultertüchern oder Umhängen gesagt werden. Ihr findet hier eine Form und Trageweise, welche sowohl Bewegungsfreiheit bietet als auch variabel ist. Bei großer Kälte kann das Tuch um die Taille gegürtet werden.

Das Tuch sollte aus weichem Wollstoff gefertigt werden.

Schnitt

Der Schnitt hat eine universelle Größe und muss bei Bedarf angepasst werden.

- Umhang

Material

- Wollstoff, 120 cm x 180 cm Stoffbreite
- Verschluss

Zuschnitt

Stoffrechteck zuschneiden.

Nähanleitung

Die Ränder versäubern bzw. säumen.

Variante

Auch an diesem Tuch sehen Fransen oder Borten gut aus. Bei einer Anfertigung aus Loden oder Wollfilz kann es außerdem als Unterlage auf nassem Grund dienen.

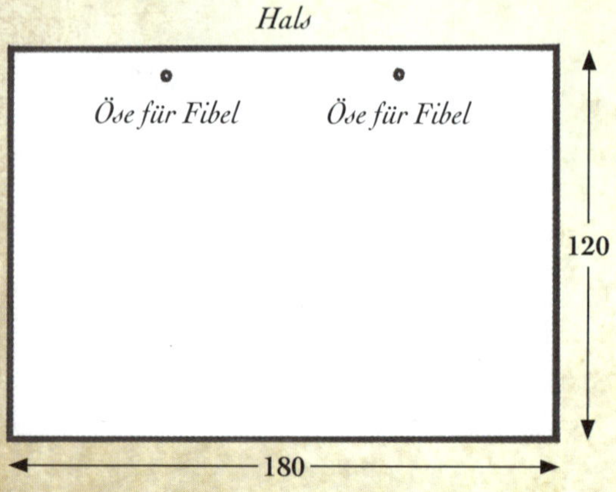

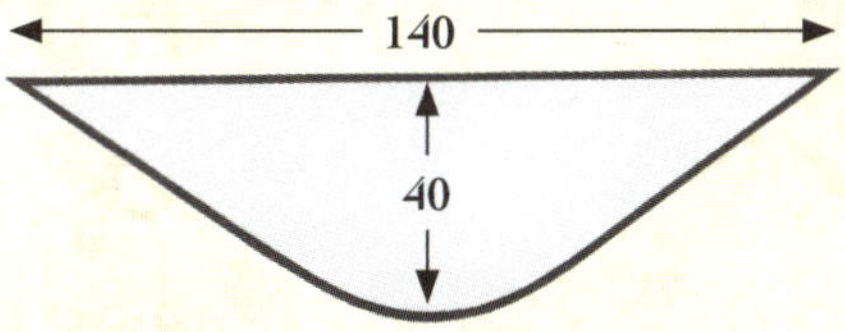

Kopftuch

Schwierigkeit: Anfänger

Ob verheiratete Frauen eine Kopfbedeckung tragen mussten, ist unklar. Während Textaufzeichnungen dafür sprechen, sind auf visuellen Darstellungen meist barhäuptige Frauen zu finden. Sicher ist jedoch, dass christianisierte Frauen eine Kopfbedeckung zu tragen hatten.

Neben einfachen Tüchern, die mit einem Stirnband befestigt werden konnten, ist ein simples Dreieckstuch, welches im Nacken geknotet wird, sicherlich eine praktische Kopfbedeckung. Bei diesem Tuch sind die Bänder so lang, dass sie auf dem Knopf geknotet werden können, was zusätzlichen Halt gibt.

Schnitt

Der Schnitt hat eine universelle Größe und muss bei Bedarf angepasst werden.

- Stoffteil

Material

- Wollstoff- oder Leinenreste

Zuschnitt

Stoffdreieck ausschneiden.

Nähanleitung

Stoffstück mit einem Rollsaum säumen.

Häubchen

Schwierigkeit: Anfänger

Im Vergleich zu einem Kopftuch bietet diese Kopfbedeckung mehr Gestaltungsmöglichkeiten. Aus Grabfunden ist bekannt, dass Bänder um den Kopf getragen wurden. Wie aber der daran befestigte Stoff ausgesehen haben mag, ist Spekulation. Hier ist eine mögliche Trageweise dargestellt.

Schnitt

Der Schnitt hat eine universelle Größe und muss bei Bedarf angepasst werden.

- Stoffteil

Material

- Wollstoff- oder Leinenreste
- zwei schmale Bänder von je 30 cm (z.B. Kordeln)

Zuschnitt

Stoffstück ausschneiden.

Nähanleitung

Stoffstück mit einem Rollsaum säumen. Zwei schmale Bänder an das gerade Teilstück annähen.

Den Saum nach Belieben mit Brettchenborte oder Stickereien verzieren.

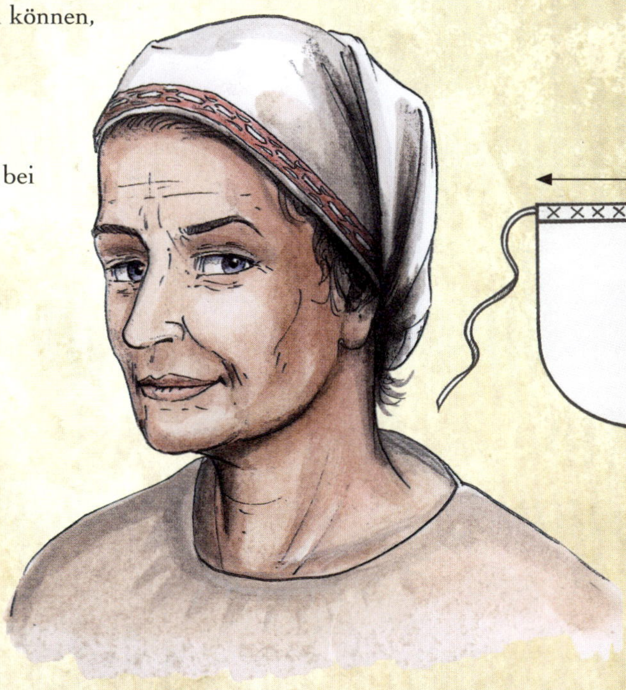

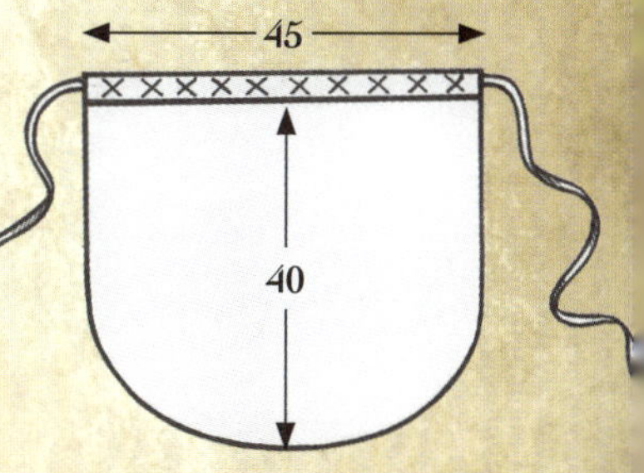

Gewandungen Kindelein

Kinderkleidung muss vielen Ansprüchen genügen. Sie sollte möglichst leicht reproduzierbar bzw. mitwachsend sein. Außerdem muss sie den Kindern gefallen und auf Veranstaltungen wie Märkten vieles aushalten. Kleidung für Kinder wird deutlich häufiger gewaschen als die Gewandungen der Eltern und muss auch öfter geflickt werden.

Deshalb findet ihr hier einfache Gewandungen aus günstigen, strapazierfähigen Materialien – denn wenn eure Kinder sich in ihren Gewandungen nicht wohlfühlen, werdet auch ihr keinen Spaß haben.

Tunika/Kleid

Schwierigkeit: Anfänger

Für diesen Tunikaschnitt eignet sich die „T-Shirt-Methode" hervorragend. Da die Tunika keine Schulternähte besitzt, ist der Schnitt mitwachsend, sofern an den Ärmeln und in der Länge genug Stoff für ein späteres Auslassen der Säume berücksichtigt wird.

Die Vorder- und Rückseite ist variabel. Im Winter kann der Schlitz im Rücken getragen werden, im Sommer eher vorn.

Es bieten sich waschbare weiche Materialien an. Bei Leinen und Wolle muss darauf geachtet werden, dass das Kind den Stoff nicht als kratzend empfindet und keine Allergien gegen diese Stoffe hat.

Ein guter Stoff für Kinderkleidung ist Baumwollnessel, weil er günstig ist und natürlich aussieht. Achtung: Nessel muss vor dem Verarbeiten mindestens zweimal bei mindestens 60 Grad vorgewaschen werden, da er enorm einläuft.

Schnitt

Der Schnitt ist in Größe 122/128 dargestellt. Mithilfe der Maßtabellen oder der T-Shirt-Methode muss ein individueller Schnitt erarbeitet werden. Bei der Schnittmustererstellung wird mit Maß A begonnen, gefolgt von Maß B.

Optional

- Besatz

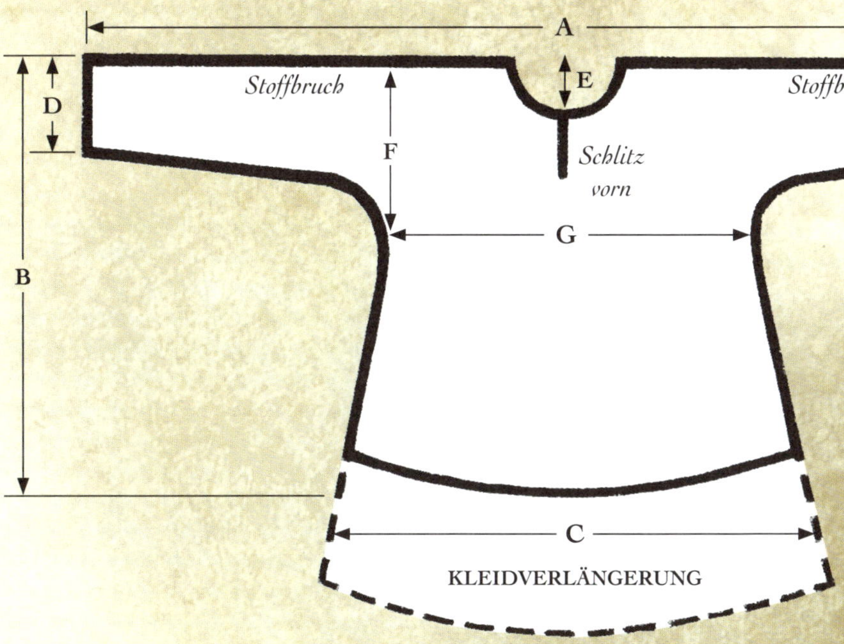

Material

- Nessel, 100–160 cm x 150 cm Stoffbreite (für ein Kleid muss die zweifache Länge des Kleides plus Zugaben berechnet werden)
- Knopf
- Stück Kordel für eine Schlaufe

Zuschnitt

Stoff längsseits falten, damit er doppelt liegt. Schnittmuster auf den Stoff legen und mit Stecknadeln feststecken. Linie A liegt dabei auf dem Stoffbruch. Mit einem Kreidestift die Schnittlinien markieren. Nicht die Nahtzugaben vergessen! Schnittmusterpapier herunternehmen und den Stoff an den Kreidelinien entlang ausschneiden.

Am Ausschnitt des Vorderteiles einen 8 cm langen Schlitz einschneiden.

Für ein Kleid die Linie C auf die gewünschte Länge verlängern.

Nähanleitung

Seitennähte schließen. Den Ausschnitt entweder mit einem Rollsaum säumen oder mit einem Besatz verstürzen (siehe *Nählexikon*: *Verstürzen* und *Ausschnitt mit Schlitz*).

Die Kordel als Schlaufe an einer Seite des Schlitzes annähen und den Knopf an die andere.

Tunika abstecken und säumen.

Variante

Bei einem Kleid können noch zwei im Rücken zu knotende Bänder angebracht werden. Das gibt dem Kleid zusätzlichen Halt. Meist freuen sich kleine und große Mädchen auch sehr über zusätzlich angebrachte andersfarbige Keile, die den Rock schön schwingen lassen.

	A	B	C	D	E	F	G
S	106	45	52	12	5	28	38
M	110	55	54	13	5	29	40
L	114	65	56	14	6	32	42
XL	118	75	58	15	6	36	44

Alle Maßangaben in Zentimeter

HOSE

SCHWIERIGKEIT: ANFÄNGER

Dieser Hosenschnitt wird manchmal auch für die Bruche eines Mannes benutzt. Die Hosenbeine sollten für ein späteres Auslassen verlängert werden. Alternativ kann zunächst auch eine Kordel oder ein Gummiband in einen Tunnelzug am unteren Ende des Hosenbeines eingezogen werden (ähnlich wie bei einer Jogginghose), das hält eine zu lange Hose über den Schuhen. Am oberen Saum sollte für Kinder ein Gummizug eingezogen werden. Dafür muss die Naht auf 1,5 cm verbreitert und eine kleine Öffnung gelassen werden, durch die das Gummiband mithilfe einer Sicherheitsnadel durchgezogen werden kann.

Es bieten sich waschbare weiche Materialien an. Bei Leinen und Wolle muss darauf geachtet werden, dass das Kind den Stoff nicht als kratzend empfindet und keine Allergien gegen diese Stoffe hat.

Es empfiehlt sich, Baumwollcanvas zu verwenden. Dieser Stoff hat eine Leinenstruktur, ist aber ähnlich strapazierfähig wie Jeansstoff. Außerdem lässt er sich gut mit speziellem im Motorrad- oder Outdoorhandel erhältlichem Wachs imprägnieren.

Schnitt

Der Schnitt ist in Größe 122/128 dargestellt. Mithilfe der Maßtabellen muss ein individueller Schnitt erarbeitet werden. Bei der Schnittmustererstellung wird mit Maß A begonnen, gefolgt von Maß B.

- Hosenteil 4x

Material

- Canvas, 70–110 cm x 150 cm Stoffbreite
- Gummiband

Zuschnitt

Stoff längsseits falten, damit er doppelt liegt. Schnittmuster auf den Stoff legen und mit Stecknadeln feststecken.

	A	B	C	D	E
S	18	23	70	23	15
M	20	25	75	25	16
L	22	27	80	27	17
XL	24	29	85	29	18

Alle Maßangaben in Zentimeter

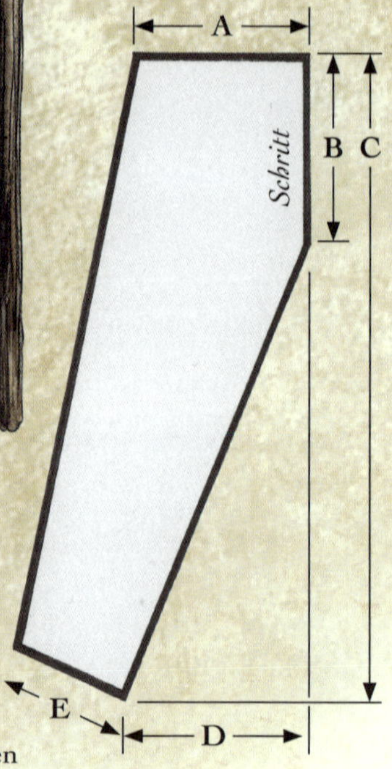

Mit einem Kreidestift die Schnittlinien markieren. Nicht die Nahtzugaben vergessen! Schnittmusterpapier herunternehmen und den Stoff an den Kreidelinien entlang ausschneiden.

Für den oberen Saum muss mehr Nahtzugabe berechnet werden, damit ein Gummiband durch den Tunnel gezogen werden kann.

Nähanleitung

Jeweils zwei Teile im Schritt zusammennähen. Die beiden Teile rechts auf rechts aufeinanderlegen und zusammenstecken. Die Hosenbeine an den äußeren und inneren Nähten zusammennähen.

Die Hose abstecken und säumen. Ein Gummiband durch den Tunnelzug ziehen.

GUGEL

SCHWIERIGKEIT: ANFÄNGER

Eine Gugel ist gerade für Kinder ein hervorragendes Kleidungsstück. Nacken, Kopf und Brustbereich sind vor Nässe und Kälte geschützt, ohne dass das Kind in seinen Bewegungen eingeschränkt wird.

Als Material bietet sich Loden mit einem weichen Futter (siehe *Nählexikon: Abfüttern*) oder imprägnierte feste Baumwolle an.

Schnitt

Der Schnitt ist universell. Sollte das Kind älter sein oder einen großen Kopf haben, sollte ein Gugelschnitt für Erwachsene benutzt werden oder dieser Schnitt entsprechend angepasst werden.

- Gugelhälfte 2x

Material

- Loden, 60 cm x 150 cm Stoffbreite

Optional

- Futter

Zuschnitt

Stoff längsseits falten, damit er doppelt liegt. Schnittmuster auf den Stoff legen und mit Stecknadeln feststecken. Mit einem Kreidestift die Schnittlinien markieren. Nicht die Nahtzugaben vergessen! Schnittmusterpapier herunternehmen und den Stoff an den Kreidelinien entlang ausschneiden.

Nähanleitung

Beide Teile rechts auf rechts zusammennähen. Gugel wenden und säumen.

Variante

Lasst die vordere Naht offen und bringt dort einen Verschluss an. Manche Kinder mögen das Über-den-Kopf-Ziehen nicht. Die Gugel kann auch zu einem Umhang verlängert werden.

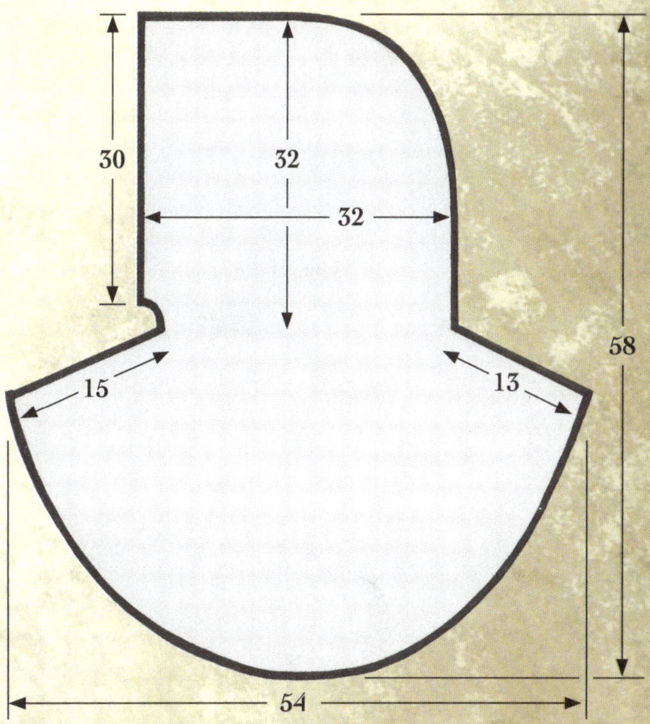

Accessoires

Nun, da ihr eine selbst gemachte Gewandung beisammen habt, geht es ans Ausschmücken. Vielerlei Beiwerk sollte eure Erscheinung abrunden und das Bild eines Wikingers vervollständigen, damit die Darstellung perfekt wird.

Zunächst benötigt ihr einen Ledergürtel, der eure Gewandung zusammenhält und als Aufhängung für nützliche Dinge dienen kann. Meist ist dieser Gürtel aus hellem Rindsleder und überlang, das heißt, das Ende hängt vorne ca. 50 cm herunter. Bei der Darstellung reicher Personen darf er auch gern verziert sein und ein schönes metallenes Endstück besitzen.

An dem Gürtel solltet ihr ein Messer tragen, zum Schneiden von Lebensmitteln, Schnitzen von Holz und als Gabelersatz zum Aufspießen von heißem Fleisch. Außerdem sind eine Gürteltasche für die größeren Dinge und ein kleines Beutelchen für die Kleinigkeiten nützlich und hübsch anzusehen. Eure Taler und wertvolle Nadeln könnt ihr in einem schmalen, flachen Etui aufbewahren, welches aufgerollt in den Gürtel gesteckt wird.

Um den Hals bewahrt euch ein Amulett vor bösen Blicken und schlechten Gedanken. Oder es verschafft euch gute Kämpfe und viele Kinder.

Eine Kette mit Perlen zeugt von eurem Reichtum. Neben bunten Glasperlen sind auch Perlen aus Bernstein sehr beliebt. Und wer vom armen Volk ist, der kann sich wenigstens ein paar Perlen aus Ton herstellen und diese verzieren. Viele Damen tragen Ketten oder Bänder mit bunten Perlen auch zwischen den beiden Broschen, mit denen die Träger an ihrem Kleid befestigt sind.

Überall dort, wo wir heutzutage Reißverschlüsse oder Knöpfe benutzen würden, könnt ihr kunstvoll gestaltete Broschen, Nadeln und Fibeln benutzen. Mit ihrer Hilfe könnt ihr eure Kleidung verschließen und drapieren.

Haare und Bärte können geflochten werden, damit sie nicht immer im Gesicht hängen. Wenn ihr Bänder hineinflechtet, hält das Ganze auch ohne Gummibänder sehr gut. Sehr lange Haare können im Nacken zu einem Knoten geschlungen und mit einer Nadel befestigt werden.

Für eure Füße, sofern ihr das Barfußlaufen nicht gewohnt seid, fertigt euch ein Paar wendegenähte Halbschuhe oder kurze Stiefel an. Die Schuhe sollten aus weichem Leder bestehen, damit sie nach dem Nähen noch gewendet werden können. Innen könnt ihr eine dicke Sohle aus Wollfilz einlegen, die schützt die Füße zusätzlich und verhindert ein Scheuern der innen liegenden Nähte.

Jetzt fehlen euch nur noch ein aufrechter Gang und ein stolzer Blick, und fertig ist das Ebenbild eines Wikingers.

Geldtasche

Herstellung einer Gewandung

Diesen Teil solltet ihr vor der Schnittmustererstellung und dem Nähen zumindest einmal überflogen haben. Hier sind viele Begriffe erklärt, deren Kenntnis im Nähteil vorausgesetzt werden.

Auch wenn es möglich ist, den Stoff nach der Maßtabelle direkt zuzuschneiden, solltet ihr euch immer ein Schnittmuster aus Papier anfertigen. Zum einen schult das die dreidimensionale Wahrnehmung und hilft, einen Überblick über die einzelnen Teile zu bekommen, zum anderen ist es so deutlich einfacher, die Nahtzugaben richtig anzubringen. Da ihr für das Nähen mit der Maschine und für das Nähen mit der Hand unterschiedlich breite Nahtzugaben benötigt, sind bei den Schnittmustern in diesem Buch *keine Nahtzugaben enthalten*. Für maschinengenähte Gewandungen reicht meist für Nähte 1 cm Nahtzugabe, für Säume sollten es 3 cm sein. Bei handgenähten Verbindungen ist die Saumbreite von dem gewählten Nähstich abhängig. Beachtet besonders Halsausschnitte und Rundungen. Wenn ihr euch den Papierschnitt bereits mit den Nahtzugaben erstellt, könnt ihr diese nach Nähen eines Probestückes besser korrigieren.

Solltet ihr eine engere Form der angegebenen Schnitte wünschen oder sollten eure Proportionen von der Norm abweichen, dann müsst ihr den Schnitt entsprechend verändern. Alle Schnitte sind in einer möglichst bequemen Form und für die Anfertigung aus festem, wenig dehnbarem Stoff berechnet. Wenn ihr einen weichen, dehnbaren Wollstoff benutzt, können die Schnitte deutlich enger gestaltet werden.

Erstellung eines Schnittmusters

Ein Schnittmuster ist eine Papiervorlage, nach der der Stoff für eure Gewandung zugeschnitten wird. Es ist eine Umwandlung eines dreidimensionalen Kleidungsstückes in zweidimensionale Einzelstücke und erscheint somit zunächst eine recht komplizierte Angelegenheit zu sein. Spätestens beim Nähen aber fügen sich die Teile oft wie von selbst zusammen. Je mehr Schnittmuster ihr selber herstellt, desto besser wird euch die geistige Umsetzung von zwei- auf dreidimensional gelingen. Solltet ihr euch unsicher bei der Erstellung sein, näht zunächst ein Probestück aus einem billigen Baumwollstoff, z. B. Nessel (Vorsicht, Nessel muss vor dem Nähen bei mindestens 60 Grad zweimal vorgewaschen werden). Das könnt ihr dann später als Nachtgewand tragen. Übertragt alle Änderungen, die ihr machen wollt, auf das Schnittmusterpapier. Je sorgfältiger ihr dabei vorgeht, desto leichter wird euch eine spätere Reproduktion fallen.

Die Schnittmustererstellung ist nichts anderes, als mit geometrischen Formen zu arbeiten. Ihr benutzt Kreise, Rechtecke, Dreiecke, Kegel, Trapeze usw. und fügt sie aneinander. Bei historischer Gewandung müssen die Aufwendigkeit der Stoffherstellung und die damit verbundene Kostbarkeit desselben bedacht werden. Stoff wurde nicht verschwendet und, wenn überhaupt, nur sparsam zugeschnitten. Schnittmuster, die aus rechteckigen Teilen bestehen, hatten den Vorteil, dass sie auf dem Webstuhl gearbeitet werden konnten und somit kein Verschnitt entstand. Auch dreieckige Formen erweisen sich als dankbar im Verschnitt. Meist ist es möglich, mehrere Keile auf einmal aus einem Stück Stoff so zuzuschneiden, dass kein Stoffverlust entsteht. Runde Formen entstanden zu späteren Zeiten, als eine taillierte Gewandung immer mehr in Mode kam.

Hier findet ihr verschiedene Möglichkeiten, mithilfe von Keilen einer Gewandung aus rechteckigen Stücken eine Passform zu geben.

Erweitern in der Achsel

Erweitern des Rockes / der Tunika

Mithilfe der Masstabelle

Die Schnitte in diesem Buch sind an herkömmliche Stoffbreiten angepasst, um den Stoffverschnitt auf ein erträgliches Maß zu begrenzen. Die modernen Stoffe sind deutlich breiter als die frühen Stoffe, die Stoffbreite liegt meist zwischen 140 und 150 cm. Für die Erstellung eines Schnittmusters werden zunächst die individuellen Körpermaße benötigt. Sollte kein Maßband zur Hand sein, kann man sich auch mit einem festen Band – z. B. Paketband – und einem Zollstock behelfen. Ihr könnt die Maße auf dem Band markieren und diese dann mit dem Zollstock nachmessen.

Die Schulterbreite wird von Schulternaht zu Schulternaht gemessen. Entweder messt ihr direkt am Körper oder an einem an den Schultern gut sitzenden Jackett, welches ausgebreitet auf einen Tisch gelegt wird. Bemesst die Schulterbreite großzügig, damit ihr ausreichend Bewegungsfreiheit habt. Die Taillenweite wird am schmalsten Punkt der Körpermitte ein kleines Stück über dem Bauchnabel gemessen. Die Armlänge wird unterschiedlich gemessen, je nach Armansatz. Schneidet die Ärmel in der Länge großzügig zu und steckt sie dann bei der letzten Anprobe auf die richtige Länge ab. Die Ärmel sollten bei ausgestreckten Armen den Knöchel des Handgelenks bedecken.

Beachtet bei der Kleiderlänge, dass weite Kleider sich durch einen Gürtel bis zu 20 cm hochziehen können, so dass ein bodenlanges Kleid mit Gürtel schnell zu einem nur noch wadenlangen werden kann.

Sucht eure Maße in der Tabelle heraus und wählt die Größe, die euren Maßen am nächsten kommt. Wählt die

Größe lieber etwas zu groß als zu klein. Das entsprechende Schnittmuster kann dann auf ein Stück Papier (z.B. Packpapier, Zeitungspapier oder Papiertischdecke) übertragen werden. Für das Übertragen bietet sich eine Papiertischdecke mit einem geometrischen Muster an. Das Material von Papiertischdecken ist zudem meist so stabil, dass ihr den Schnitt zusammenkleben und für eine erste Anprobe benutzen könnt.

Herrengrößen (Körpergröße 180 cm)

GRÖSSE	SCHULTERBREITE	TAILLENWEITE	BRUSTWEITE	ARMLÄNGE
S	42	80	90	63
M	44	90	100	64
L	46	100	110	65
XL	48	110	115	67

Alle Maßangaben in Zentimeter

Damengrößen (Körpergröße 170 cm)

GRÖSSE	SCHULTERBREITE	TAILLENWEITE	BRUSTWEITE	ARMLÄNGE
S	38	64	82	59
M	40	72	90	60
L	42	80	98	61
XL	44	90	106	62

Alle Maßangaben in Zentimeter

Mithilfe der „T-Shirt-Methode“

Diese Methode eignet sich für ein schnelles, einfaches Kittelhemd oder Kleid. Die Gewandung wird großzügig zugeschnitten und bei Bedarf am Körper abgesteckt. Gerade für Kinderbekleidung ist es unter Umständen praktischer, einen gut passenden Pullover als Vorlage zu nehmen, als bei einem zappelnden Kleinkind das Maßnehmen zu versuchen.

Faltet ein T-Shirt längs zusammen und legt es auf das Schnittmusterpapier. Zeichnet den Umriss ab. Nehmt das T-Shirt weg. Jetzt habt ihr das T-Shirt zur Hälfte auf dem Papier aufgemalt. Fügt die Änderungen laut Bild hinzu. Ihr könnt diesen Schnitt an eure Wünsche anpassen, indem ihr z. B. aus den langen Ärmeln kurze macht oder aus einem runden Ausschnitt einen eckigen oder aus einem T-Shirt eine Robe.

Halsausschnitt bei Kindertunika

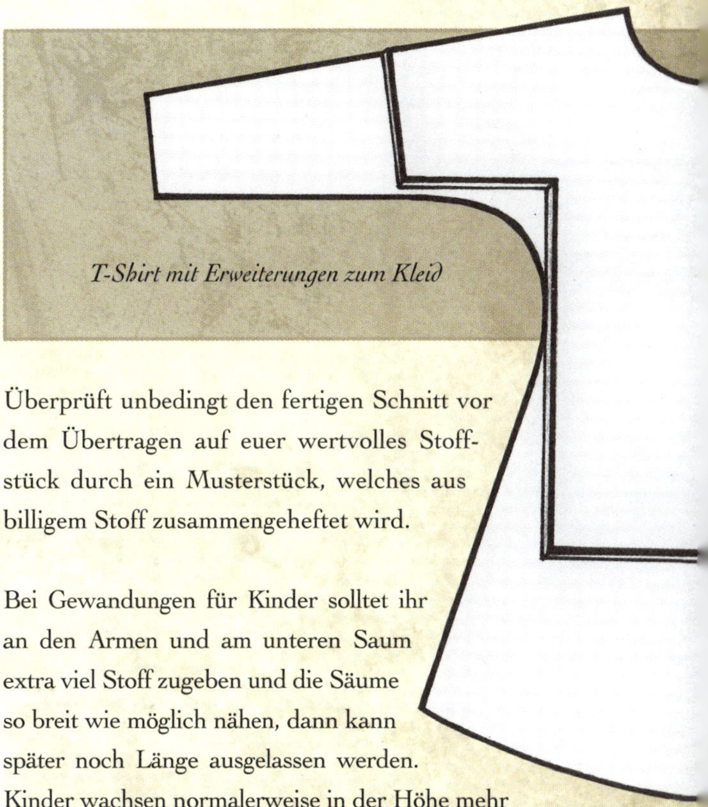

T-Shirt mit Erweiterungen zum Kleid

Überprüft unbedingt den fertigen Schnitt vor dem Übertragen auf euer wertvolles Stoffstück durch ein Musterstück, welches aus billigem Stoff zusammengeheftet wird.

Bei Gewandungen für Kinder solltet ihr an den Armen und am unteren Saum extra viel Stoff zugeben und die Säume so breit wie möglich nähen, dann kann später noch Länge ausgelassen werden. Kinder wachsen normalerweise in der Höhe mehr als in der Breite, so dass die Gewandungen eher zu kurz als zu eng werden. Ihr solltet unbedingt darauf achten, dass ein Kinderkopf proportional größer ist als der Kopf eines Erwachsenen, die Halsöffnung muss entsprechend groß sein. Ihr könnt die Halsöffnung sicherheitshalber hinten ein Stück offen lassen und einen Knopf oder ein Band anbringen.

AUSWAHL DES MATERIALS

Die sorgfältige Auswahl des Materials sollte immer direkt nach dem Auswählen eines Schnittes erfolgen. Sie ist abhängig von der Jahreszeit, für die diese Gewandung angefertigt wird, von ihrem Zweck als Unter- oder Oberbekleidung und von den besonderen Ansprüchen des Trägers. Da das Nähen einer Gewandung viel Arbeit bedeutet, sollte auch ein Kleidungsstück entstehen, welches euch einen langen Weg begleiten kann. Das wird es aber nur tun, wenn es für eure Ansprüche optimiert wurde und ihr euch darin wohlfühlt. Ihr solltet beim Anlegen der Gewandung einen erleichterten Seufzer ausstoßen und lächelnd den ersten Schritt in eine andere Zeit tun. In der Regel bietet sich die Kombination aus Leinen als Unterbekleidung und mehreren Obergewandungen aus verschiedenen Wollstoffen an. In diesem Buch gehen wir von einer Stoffbreite von 150 cm aus. Sollte der Stoff schmaler sein, benötigt ihr entsprechend mehr Material. Nehmt den Schnitt möglichst mit in das Geschäft und probiert dort aus, wie viel Stoff ihr braucht. Damit verringert ihr den Verschnitt.

Um euch die Auswahl ein wenig zu erleichtern und euch nicht ohne Vorkenntnisse im Stoffgeschäft oder auf einem Markt stehen zu lassen, werden im Folgenden Auswahlkriterien für das Material zusammengefasst.

STOFFARTEN

Leinen

Leinengewebe werden aus Flachs hergestellt. Verwandt sind Hanf- und Jutegewebe, diese sind allerdings recht schwer zu bekommen. Leinen wird meist in Leinwandbindung angeboten und besitzt durch die hohe Dichte einen natürlichen, schweren Fall. Die Webstruktur von Leinen erscheint unregelmäßig mit Verdickungen und Knötchen. Die natürliche Farbe von Leinen geht von hellem Strohgelb bis hin zu verschiedenen Grau-, Braun- und Rosttönen. Leinen ist strapazierfähig und reißfest. Der Stoff besitzt einen natürlichen Glanz, der allerdings mit zunehmendem Abrieb nachlassen kann. Leinen ist in sich sehr steif, wenn ein Kleidungsstück aus Leinen elastisch werden soll, sollte es diagonal zum Fadenlauf zugeschnitten werden.

Leinengewebe sind pflegeleicht und meist bei 40 Grad maschinenwaschbar. Wenn sie nass aufgehängt werden, spart man sich das Bügeln. Muss doch einmal eine Gewandung gebügelt werden, ist es wichtig, die Fasern mit Wasser einzusprühen und ihnen mindestens 15 Minuten Zeit zum Quellen zu geben, bevor man die Gewandung mit dem Bügeleisen bearbeitet.

Leinen fühlt sich zunächst immer kühl an. Die Leinenfasern nehmen schnell die Umgebungstemperatur an und gleichen in kurzer Zeit Unterschiede zwischen Körper- und Außentemperatur aus. All diese Eigenschaften machen Leinen zu einem unverzichtbaren Gewebe für Unterkleidung und auch für die sommerliche Überbekleidung.

Leinen lässt sich mit natürlichen Farben schlecht färben, die Farben waschen sich schnell aus und verbleichen im Tageslicht. Helle Farben sind bei Leinen zu bevorzugen.

Wichtig ist, dass der Stoff vor dem Nähen mindestens einmal vorgewaschen werden muss. Sofern die Stoffe nicht ab Werk vorgewaschen sind, können sie immens einlaufen.

Baumwolle

Baumwolle ist ein untypisches Material für altertümliche nordische Kleidung, da sie ein subtropisches Klima zum Wachsen benötigt. Da Baumwolle aber heutzutage ein häufig benutzter Stoff ist und durchaus für die Beimischung bei Halbleinen benutzt wird, sei sie hier kurz erwähnt.

Aus Baumwolle können Textilien mit hoher Festigkeit hergestellt werden, weshalb sie z. B. auch gern für Zeltstoffe benutzt wird. Die natürliche Farbe von Baumwolle ist weiß bis gelblich, und die Qualität und Erscheinung eines Baumwollstoffes kann ausgesprochen vielfältig sein.

Baumwolle knittert stark und hängt sich in der Regel nicht aus, muss also oft gebügelt werden. Baumwollstoffe sind kochfest und daher nach dem Waschen keimfrei, sie können bei hohen Temperaturen gebügelt werden.

Wolle

Wolle lässt sich kaum mit wenigen Sätzen auf eine Art beschreiben, die ihrer Vielfältigkeit gerecht wird. Es gibt Wollstoffe aus Unter-, Flaum- oder Wollhaar, aus Grannenhaar oder aus Stichelhaar. Schafe, Kamele, Ziegen, Hunde, Pferde, Rinder und mehr Tiere liefern Wolle.

Die natürlichen Farben von Wolle gehen von Weiß über Gelb bis hin zu Braun und Dunkelgrau, je nach Tierart und -rasse. Die Qualität und Erscheinung kann sehr vielfältig sein und reicht von grob gewebten Wollstoffen bis hin zu feinstem Kammgarn oder widerstandsfähigem Loden. Aus Wolle gefertigte Gewandungen sind verhältnismäßig leicht und anschmiegsam. Wolle ist filzfähig, das heißt, die Wollhaare stellen sich unter dem Einfluss von heißer Seifenlauge auf und können dann durch Bewegung so miteinander verklettet werden, dass ein nahezu wind- und wasserdichtes Tuch entsteht. Die feinste Art der Verfilzens findet man beim Loden, einem wind- und wasserdichten, gewalkten Wollstoff.

Wolle ist kaum wärmeleitfähig. Gewandungen aus Wolle halten die Körperwärme entsprechend am Körper. Sie kann enorm viel Wasser aufnehmen, trocknet dann aber sehr schlecht. Sie knittert kaum, Knitterfalten liegen sich oft wieder aus. Wollstoffe dürfen in der Regel nur mit speziellen Waschmitteln und nur mit kaltem Wasser gewaschen werden. Am besten werden Gewandungen aus Wolle liegend und ohne Einwirkung von Hitze getrocknet. Bügeln sollte man Wolle immer bei niedrigen Temperaturen mit einem feuchten Tuch.

Erkennen kann man reine Wolle mit der Brennprobe. Wolle verbrennt zu Asche, während Polyacryl verschmort und einen harten Rand ergibt.

Sie lässt sich gut färben und behält die Farben lange. Bei längerem Lagern, z. B. über den Winter, sollte man unbedingt handelsübliche Mottenmittel verwenden. Leider knabbern Motten, wenn man sie einmal hat, nicht nur Wollstoffe, sondern auch andere Stoffe an.

Seide

Seide wird aus den Spinnfäden der Kokons eines Schmetterlings bzw. seiner Raupe hergestellt. Ungefärbt ist Seide weiß bis gelblich oder grünlich. Die Qualitäten gehen von hauchdünnen Gespinsten bis hin zu grob gewebten leinenartigen Strukturen. Seidenstoffe sind sehr leicht und ausgesprochen saugfähig. Außerdem trocknen sie sehr schnell wieder, was sie gerade als Unterkleidung angenehm macht. Allerdings bekommt Seide gern mal Schweißflecken.

Seide kann bei niedrigen Temperaturen von links gebügelt werden, möglichst wenn sie noch feucht ist. Vorsicht, die Seide nicht einsprengen, sonst bekommt sie leicht Wasserflecken. Waschbar ist Seide bei niedrigen Temperaturen unter Verwendung von Spezialwaschmitteln. Sie darf nicht heiß getrocknet oder geschleudert werden.

Bei der Verwendung von Seidenstoffen sollte immer überlegt werden, ob die Nähte nicht besser mit einem dünnen Vliesband unterlegt werden, um ein Ausfransen oder Reißen der Naht zu verhindern.

Webstrukturen

Die Struktur eines Gewebes wird Gewebebindung genannt. Je nach Art der Verkreuzung der Kett- und Schussfäden eines Gewebes trägt sie einen anderen Namen.

Am häufigsten findet sich die Leinwand- oder auch Tuchbindung. Hierbei handelt es sich um die einfachste, engste und festeste Fadenverkreuzung von Kette und Schuss. Beide Seiten sehen gleich aus, und in Tuchbindung gefertigte Gewebe sind sehr stabil. Wenn die Schnittteile einer Gewandung aus einem Stoff in Tuchbindung diagonal zum Fadenlauf zugeschnitten werden, ergibt sich eine diagonal dehnbare Gewandung, was besonders bei engen Hosen oder Beinlingen von Vorteil sein kann.

Eine weitere Gewebebindung ist die Köperbindung. Gewebe in Köperbindung lassen diagonal verlaufende, mehr oder weniger hervortretende Gratlinien erkennen. Das Gewebe hat zwei unterschiedliche Seiten. Der bekannteste Köperstoff ist der Jeansstoff. Variationen der Köperbindung sind Gleichgratköper, Rautenköper, Spitzköper, Fischgrätköper und Diamantköper.

Leinenbindung

Köperbindung

Bei Wollstoffen für Gewandungen, die außen getragen werden, wie. z. B. Gugel, Umhänge, Mäntel etc., bietet es sich an, einen gewalkten Wollstoff oder Filzstoff zu nehmen. Bei beiden Stoffen werden die Fasern unter Hitze und Druck so behandelt, dass sie miteinander verkletten und eine fast wasser- und windundurchlässige Einheit bilden.

Farben

Für die gewählte Gewandung sollte eine typische materialabhängige Farbe bevorzugt werden. Im Einzelhandel findet ihr eine nahezu unerschöpfliche Auswahl an Stoffen und Farben. Aber nicht alle Kombinationen eignen sich für die Herstellung von Gewandungen. Für Leinen- und Hanfstoffe solltet ihr Pastelltöne (Hellgelb, Hellblau, Rosa, Hellorange, Hellbraun) wählen. Leinen lässt sich schlecht färben, und selbst industrielle Färbungen sind nicht besonders lichtecht und haben einen hohen Abrieb.

Besonders schön sind natürlich die handgefärbten Stoffe in Naturfarben. Es gibt Färbereien, die mit den alten Methoden färben und euch einen einzigartigen Stoff herstellen können. Solltet ihr im Bereich der Living History aktiv sein, hilft es vielleicht weiter, wenn ihr euch über das Klima und die Bodenbeschaffenheit der jeweiligen Region und Zeit informiert, um einschätzen zu können, mit welcher Wahrscheinlichkeit welche Färbemittel verwendet wurden. Solltet ihr euch unsicher sein, wählt den Stoff in seiner natürlichen Färbung (siehe *Stoffarten*). Die natürlichen Stoffe entwickeln ihren besonderen Charme vor allem dann, wenn ihr sie mit einer bunten Brettchenborte oder einer schönen Stickerei verziert.

Nähen des Kleidungsstückes

Bevor ihr eure zugeschnittenen Stoffteile zusammennäht, legt euch neben dem Arbeitsmaterial auch etwas zur Nervenberuhigung zurecht. Solltet ihr Teile falsch zusammengenäht haben, der Faden zum dritten Mal gerissen oder ihr einfach nur völlig genervt sein, knabbert ein paar Nüsse oder Schokolade und macht erst nach einer kleinen Pause weiter. Nähen braucht auch Übung, und im Laufe der Zeit wird es euch immer schneller und besser gelingen, eine individuelle Gewandung anzufertigen.

Allgemeines

Als Arbeitsmaterial solltet ihr euch zurechtlegen:

Stoffschere, Nahttrenner, Kreidestift, Lineal, Kurvenlineal, Winkel, Maßband (mit Loch, damit man es als Zirkel benutzen kann), Nähnadeln, Stecknadeln (bügelfest), Bügelbrett, Ärmelbrett, Dampfbügeleisen, Sprühflasche für Wasser und Packpapier, Papiertischdecke (auf der Rolle, mindestens 80 cm breit) oder Schnittmusterpapier. Behandelt euer Arbeitsmaterial mit Sorgfalt, damit das Nähen ungestört vor sich gehen kann.

Nähen mit der Hand

Solltet ihr euch mit eurer Nähmaschine nicht sehr gut auskennen, näht die Gewandungen lieber mit der Hand. Das schont die Nerven und macht das Kleidungsstück mit jedem Nadelstich kostbarer. Zum Nähen mit der Hand bietet es sich an, Fäden aus demselben Material wie dem benutzten Stoff zu nehmen. Das kann Stopfgarn oder Sockenwolle sein, ihr könnt aber auch Schussfäden nehmen, die vorsichtig aus einem Reststück Stoff gezogen werden. Achtet darauf, dass sich Polyestergarne nicht färben lassen. Solltet ihr in Erwägung ziehen, das Kleidungsstück nach dem Nähen noch zu färben, nehmt unbedingt Naturgarn z. B. aus Baumwolle.

Als besonderes Handnähzubehör solltet ihr euch Folgendes zurechtlegen:

Stopfnadeln (da passen die dicken Garne besser durch) oder Sticknadeln mit Spitze, Leinen- oder Wollgarn (auf die Waschbarkeit achten), kleine Schere.

Handstiche

Saumstich/Staffierstich

Wird eigentlich benutzt, um Futter einzunähen, lässt sich aber auch gut für unsichtbare Säume verwenden. Vor allem bei weichen bzw. grob gewebten Wollstoffen ist der Staffierstich besser geeignet als der Hexenstich, da er den Saum glatt an den Oberstoff heranzieht. Bei diesem Stich werden immer nur wenige Fäden des Obermaterials erfasst, dadurch wird er von der Oberseite fast unsichtbar.

Heftstich

Ist ein nicht sehr haltbarer Stich, gut geeignet für Markierungen oder um Stoffstücke zu verbinden, auf denen kein Druck lastet. Er eignet sich gut für das Verbinden der Stoffstücke für eine erste Anprobe oder zum Raffen/Rüschen.

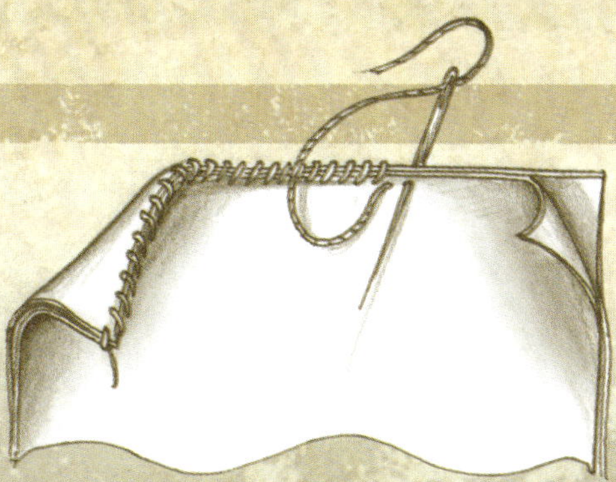

Überwendlingsstich

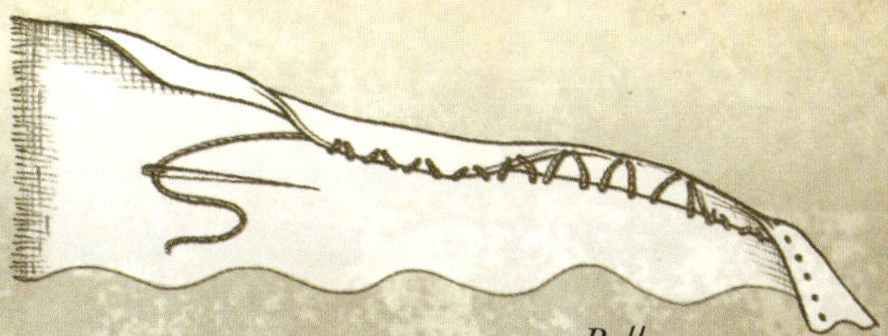

Rollsaum

Heftstich

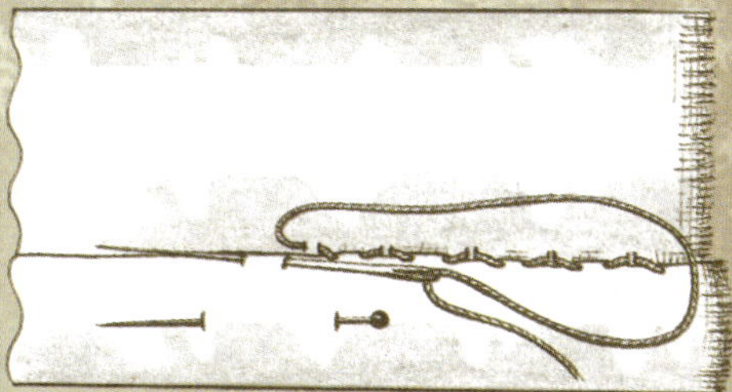

Saumstich/Staffierstich

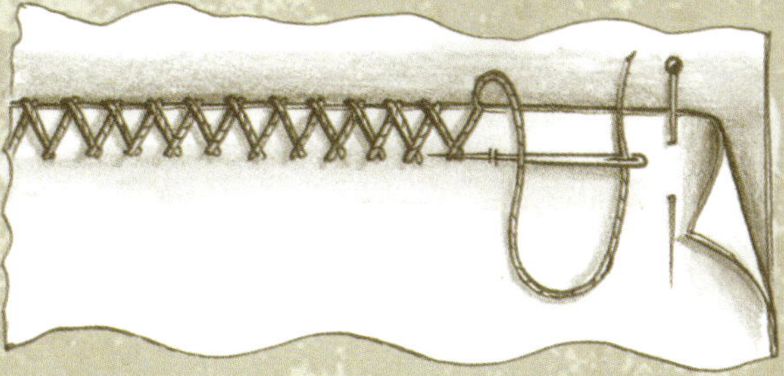

Hexenstich

Kappnaht

Rückstich

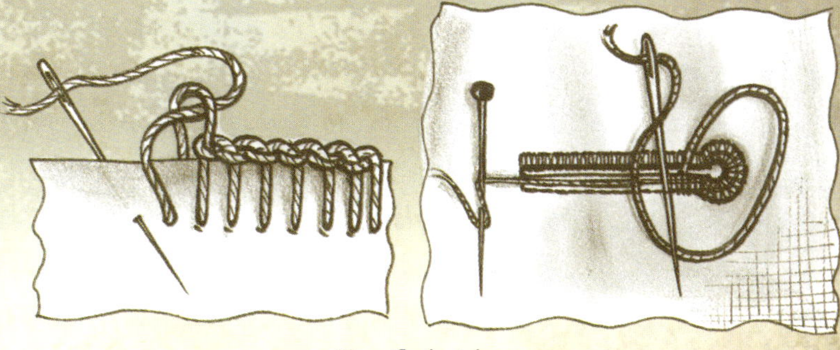

Knopflochstich

Rückstich
Wird für alle Nähte verwendet. Er ist stabil und geht einigermaßen schnell.

Hexenstich
Kann sowohl für unsichtbare Säume als auch als Zierstich verwendet werden.

Rollsaum
Ist ein Saumstich bzw. eine Kantenversäuberung für sehr feine Stoffe.

Knopflochstich
Dieser Stich eignet sich, wenn er rund ausgeführt wird, gut für Schnürungen oder oval auch für Knöpfe oder kleine Fibeln.

Kappnaht
Ist eigentlich kein einzelner Stich, sondern die Verbindung von zwei Arbeitsschritten. Zunächst werden die beiden Teile mit einem Rückstich zusammengenäht, so dass ca. 1 cm Rand übrig bleibt. Dann wird der untere Rand auf 0,5 cm abgeschnitten. Der obere Rand wird um den unteren herumgeklappt und mit Rückstichen festgenäht. Diese Naht eignet sich besonders, um Stoffe fest und strapazierfähig miteinander zu verbinden.

Überwendlingsstich
Ist ein Stich zur Kantenversäuberung. Wenn er sehr fein ausgeführt wird, reicht er auch aus, um zwei Kanten miteinander zu verbinden.

Nähen mit der Maschine

Eure Nähmaschine sollte immer gut gewartet sein, das führt zu besseren Nähergebnissen und weniger Ärger mit schlechten Nähten. Sie muss regelmäßig entfusselt und ab und zu mal mit einem Tropfen Öl versorgt werden. Nach dem Ölen immer zuerst auf einem Stoffrest nähen, bis das Öl verschwunden ist. Die Wartung und Neujustierung von alten oder lange nicht benutzten Nähmaschinen kann in einem entsprechenden Fachgeschäft vorgenommen werden. Genäht werden sowohl Leinen als auch Wolle vorzugsweise mit Nadeln der Stärke 80–90, je nach Dicke des Stoffes. Für Seide müssen feinere Nadeln verwendet werden. Mit der Maschine lassen sich am besten Polyestergarne in guter Qualität verarbeiten. Soll die Gewandung färbbar bleiben, muss Baumwoll- oder Seidengarn benutzt werden. Wenn ihr Stoffteile zusammenstecken wollt, steckt die Stecknadeln quer zur Naht in den Stoff. So könnt ihr langsam über die Nadeln drübernähen, ohne sie vorher entfernen zu müssen.

Maschinenstiche

Steppnaht

Gerader Stich, um Stoffstücke zu verbinden oder zum Säumen.

Zickzackstich

Zum Versäubern der Nähte, um ein Ausfransen zu verhindern.

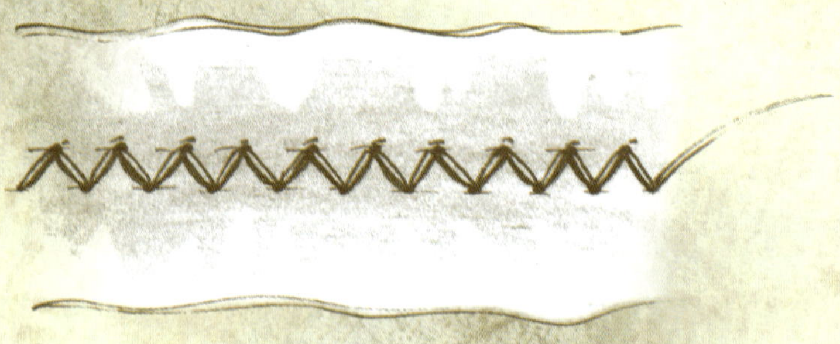

Zickzackstich

Kappnaht

Ist eigentlich kein einzelner Stich, sondern die Verbindung von zwei Arbeitsschritten. Zunächst werden die beiden Teile mit einer Steppnaht zusammengenäht, so dass ca. 1 cm Rand übrig bleibt. Dann wird der untere Rand auf 0,5 cm abgeschnitten. Der obere Rand wird um den unteren herumgeklappt und festgesteppt. Für die Nähmaschine gibt es einen besonderen Fuß, den Kapper oder Kappfuß, um eine solche Nahtverbindung schnell und komfortabel zu erstellen.

Steppnaht

Kappnaht

Textilkunst

Es ist ein uraltes Bedürfnis des Menschen, die Gegenstände, mit denen er sich umgibt und die er am Leibe trägt, mit farbigen Verzierungen zu verschönern. Gerade im Winter, wenn die Tage kurz sind und früher das natürliche Licht nur kurzzeitig die Arbeit im Freien ermöglichte, brauchte der Mensch Farben und Beschäftigung. In der dunklen Jahreszeit hatte er viel Muße zum Sticken, Weben, Malen und Nähen, und auch heute, wo die Städte nahezu taghell erleuchtet sind, haben Handarbeitsgeschäfte im Herbst und Winter die höchsten Umsätze.

Im Unterschied zum Färben der Stoffe sind Handarbeiten genügsam in Material und Platz, den sie benötigen. Es bietet sich also an, einen Stoff in seiner natürlichen Farbe zu belassen und ihn dafür mit schöner Stickerei und farbigen Borten zu veredeln. Leider sind die Überlieferungen in diesem Bereich spärlich, trotzdem zeigen wir euch verschiedene Möglichkeiten, um eure Gewandungen individuell zu gestalten.

Stickerei

Wenn ihr eure Gewandung zu etwas Besonderem machen möchtet, könnt ihr sie noch mit einer Stickerei verzieren. Besonders schöne Beispiele für solche Verzierungen findet ihr bei den Fundstücken aus Oseberg (Norwegen) oder Birka (Schweden). Bei der Auswahl eines Motivs solltet ihr für den Anfang darauf achten, dass es nicht zu kompliziert ist. Ein schlichtes Motiv könnt ihr schnell anfertigen und dann bei Gefallen noch durch Ergänzungen aufwerten. Um ein Motiv auf Stoff zu übertragen, habt ihr mehrere Möglichkeiten:

- Übertragt das Motiv mit einem speziellen, aufbügelbaren Stift auf Butterbrotpapier, legt das Papier rechts auf rechts auf den Stoff und bügelt es bei niedriger Temperatur. Bewegt das Bügeleisen sehr vorsichtig, damit das Papier nicht verrutscht. Das funktioniert nur bei hellen Stoffen.

- Zeichnet das Motiv auf Seidenpapier und näht das Papier an den Motivlinien mit kleinen Heftstichen fest. Dann reißt das Papier vorsichtig ab, ohne die Heftstiche zu beschädigen.

- Schneiderkopierpapier wird mit der glänzenden Seite nach unten auf den Stoff gelegt, die Motivzeichnung legt ihr darüber. Steckt die Teile mit Nadeln fest, damit sie nicht runterrutschen können. Zeichnet die Motivlinien mit einem Kopierrädchen oder einem spitzen Bleistift nach.

- Macht euch aus festem Papier oder Pappe Schablonen, diese können dann mit einem auswaschbaren Stift nachgezeichnet werden.

- Scannt das Motiv ein und druckt es anschließend auf Iron-on-T-Shirt-Transferpapier aus. Schneidet das Motiv aus und bügelt es auf euren Stoff. Achtung, auf diese Weise werden die Stickereien sehr fest.

Es bietet sich an, das zu verzierende Stoffteil in einen kleinen Stickrahmen einzuspannen. Durch den stramm gespannten Stoff wird verhindert, dass ihr mit eurem Stickfaden den Stoff zusammenzieht. Benutzt nach Möglichkeit immer ein Garn aus demselben Material wie eure Gewandung. Wenn ihr eine Leinentunika mit einem Wollgarn verziert, solltet ihr sie nur noch per Hand und mit einem Wollwaschmittel waschen.

Nach dem Sticken solltet ihr eure Stickerei dämpfen, damit sich die Fäden schön legen. Dafür legt ihr den Stoff mit der Stickerei nach unten auf ein Bügelbrett, darauf ein feuchtes Tuch, und jetzt bügelt ihr mit der höchsten zulässigen Temperatur langsam darüber.

Stielstich

Das Stichbild erinnert an eine Kordel. Mit dem Stielstich lassen sich sehr gut Rundungen sticken, weshalb er sich besonders für Umrandungen eignet. Er sollte mit kleinen Stichen gearbeitet werden.

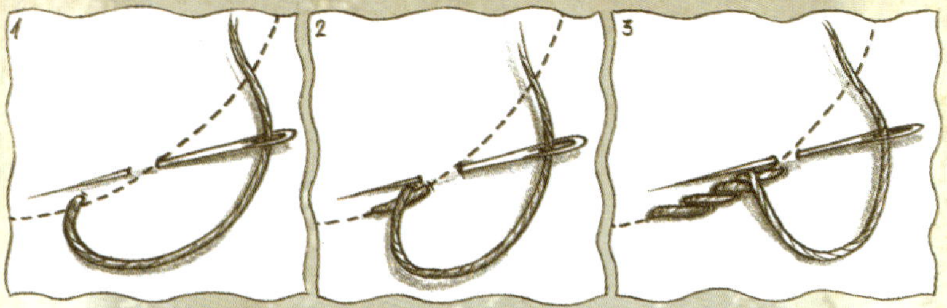

Stielstich

Plattstich

Dieser Stich eignet sich besonders zum Ausfüllen von Flächen. Da der Stich sehr mit Licht und Schatten spielt, solltet ihr auch vor Stickbeginn genau überlegen, in welche Richtung ihr ihn arbeiten wollt. Die Stiche müssen eng beieinanderliegen und sollten nicht zu lang sein. Eine Variante, um große Flächen ausfüllen zu können, ist der versetzte Plattstich, bei dem die Einstiegslöcher bei gleicher Stichlänge auf verschiedenen Höhen sind.

Plattstich

Rückstich

Ein sehr einfacher Stich, der wie ein Zeichenstift eingesetzt werden kann. Sowohl runde als auch eckige Formen können mit Rückstichen leicht gearbeitet werden. Er wird häufig für die Konturierung von bildhaften Darstellungen benutzt.

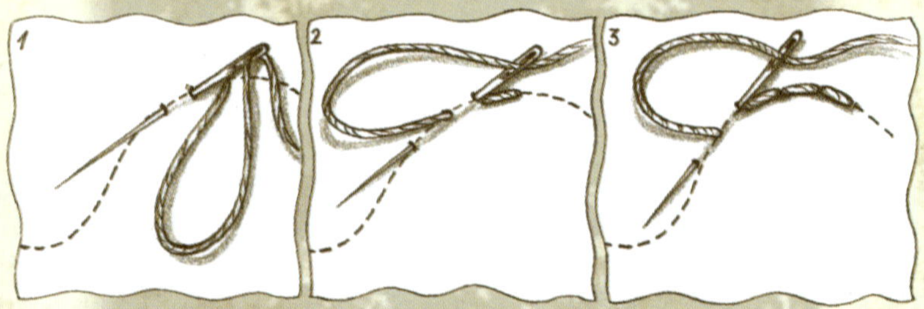

Rückstich

Kettenstich

Dieser Stich ist etwas komplizierter und eignet sich sowohl zum Ausfüllen als auch zum Konturieren. Er sollte mit Hilfslinien gearbeitet werden.

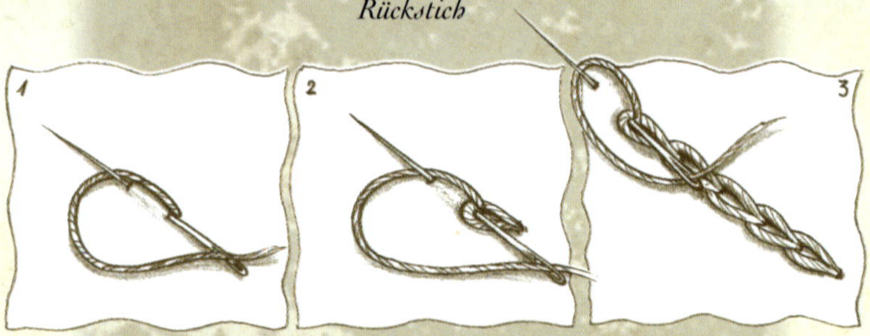

Kettenstich

Umschlungener Vorstich

Geht schnell und ist recht einfach. Bei handgenähten Gewandungen kann man wunderbar die außen sichtbaren Einstiche als Grundlage verwenden.

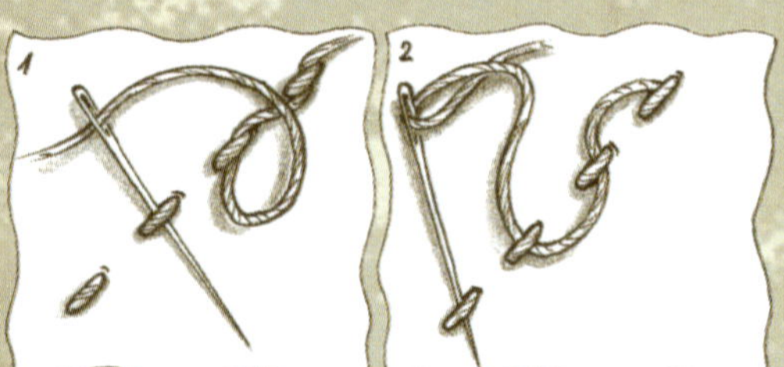

Umschlungener Vorstich

Kordelstich

Mit diesem Stich entsteht eine etwas gröbere Kordelstickerei.

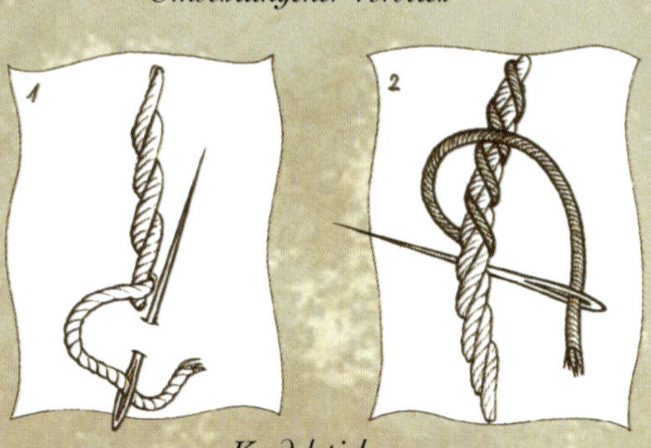

Kordelstich

Bayeux-Stich
Ein Stich, der auf dem Teppich von Bayeux verwendet wurde, um Flächen auszufüllen. Eine solche Arbeit wird auch Überfangarbeit genannt.

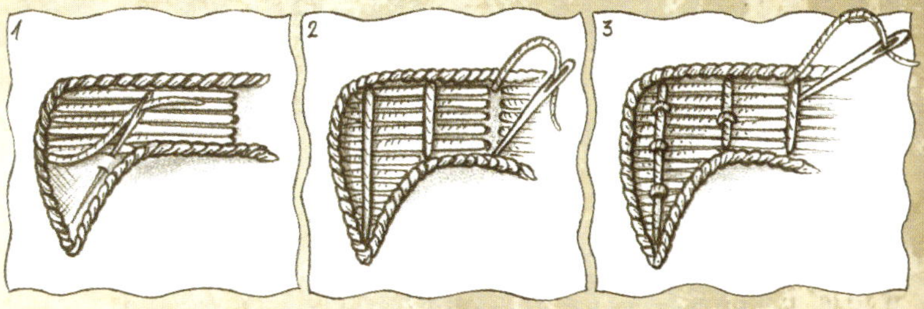

Bayeux-Stich

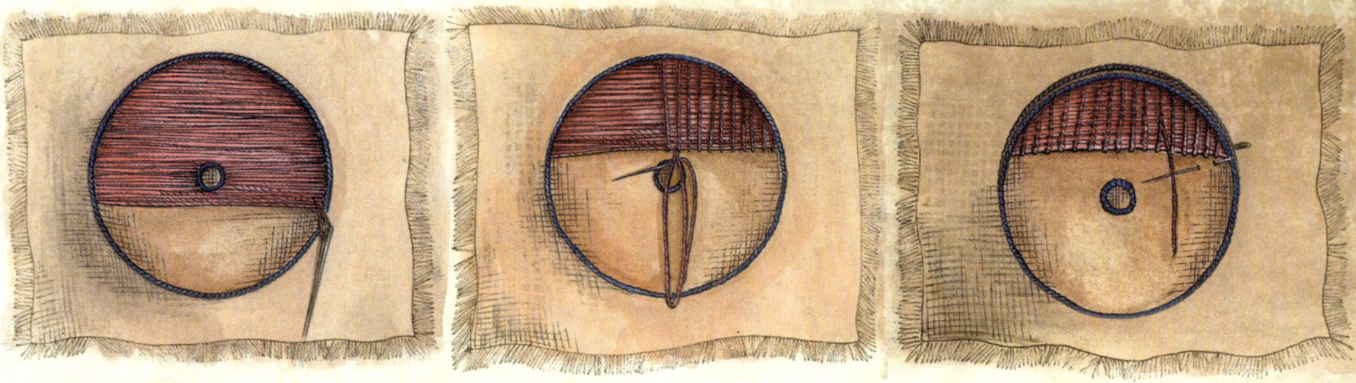
Überfangarbeit

BRETTCHENBORTE

Brettchenweben ist eine Webtechnik zur Herstellung von Schnüren, Borten und festen Gewebeabschlusskanten. Zum Brettchenweben werden mehrere kleine eckige Brettchen benötigt, die jeweils mit einer unterschiedlichen Anzahl von symmetrisch angeordneten Löchern versehen sind. Es gibt Brettchen in den unterschiedlichsten Formen: Als Dreiecke, Vierecke, Sechsecke und auch Achtecke. Am häufigsten sind aber quadratische Brettchen, die mit vier Löchern in den Ecken versehen sind. Durch diese Löcher werden die Kettfäden gezogen. Die Kettfäden werden am Körper und in einer kurzen Distanz an einem Türgriff o. Ä. befestigt. Die Brettchen hängen so als Paket an den Kettfäden. Mit einem Webschiffchen wird der Schussfaden durch die Kettfäden gezogen. Durch das Drehen der Brettchen können unterschiedliche Muster erzeugt werden.

Bei der Auswahl einer Brettchenborte solltet ihr euch an dem Material eurer Gewandung orientieren. Wenn ihr eine Leinentunika mit wollener Brettchenborte besetzt, dürft ihr diese bei der Wäsche nur noch als Wollgewandung behandeln, weil die Brettchenborte sonst verfilzt. Es ist also meist von Vorteil, Borte und Gewandung aus demselben Material anzufertigen.

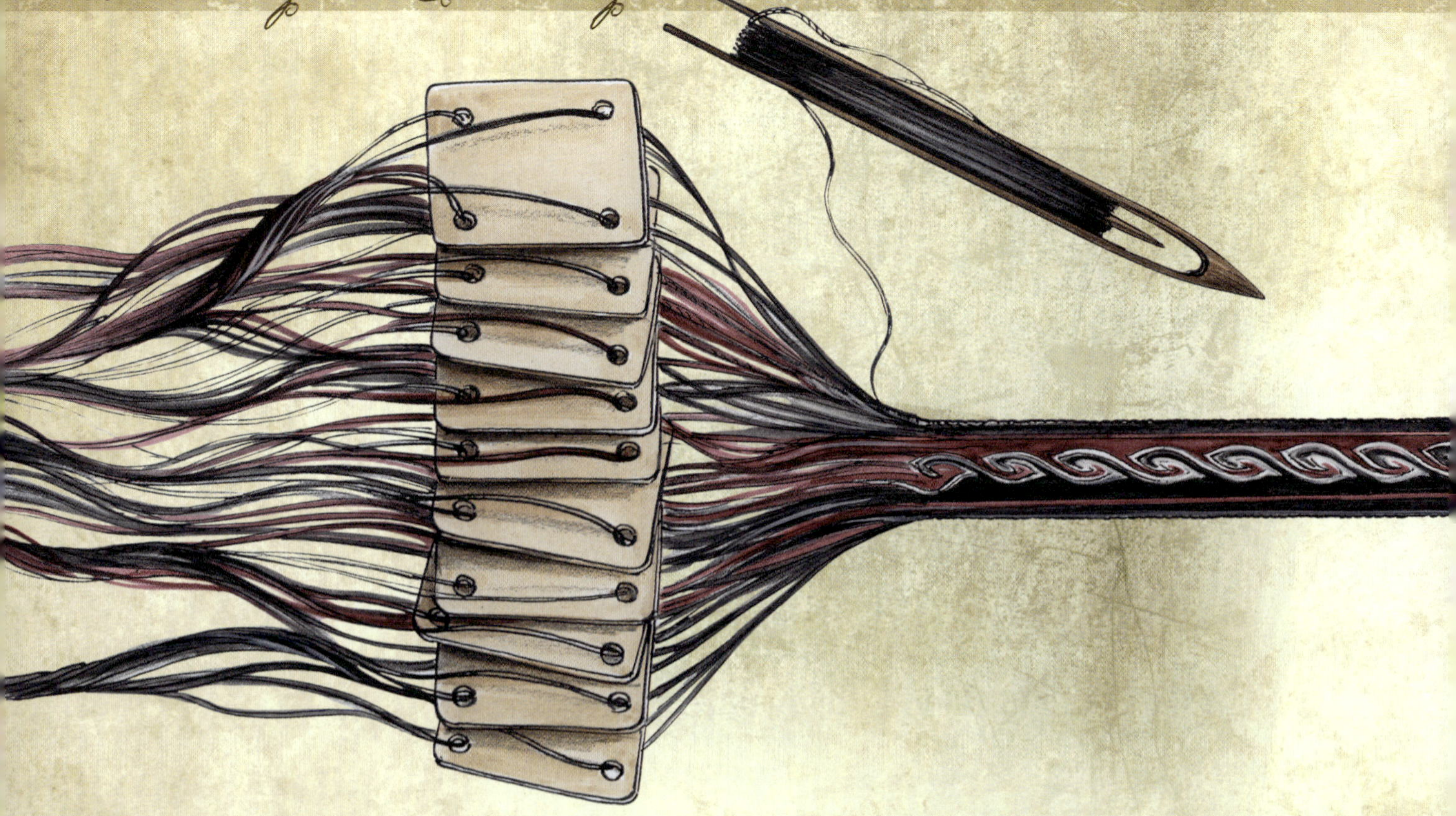

Vor dem Anbringen der Borte solltet ihr diese waschen und vorsichtig dämpfen, damit sie euch nicht bei der ersten Wäsche einläuft oder womöglich abfärbt. Erkundigt euch bei der Weberin nach der Notwendigkeit einer Vorbehandlung.

Brettchenborte muss mit der Hand angenäht werden. Durch maschinelle Nähte verderbt ihr den schönen Effekt, den die grobe Webstruktur hinterlässt. Vorzugsweise benutzt ihr dazu eine dünne Sticknadel ohne Spitze. Damit stecht ihr parallel zur Webrichtung vorsichtig zwischen den Fäden ein und näht die Borte mit einem Heftstich an. Der dünne Faden verschwindet dann zwischen den Kettfäden der Borte und das gleichmäßige Webbild bleibt erhalten.

Näht immer den äußeren Rand zuerst an. Sonst kann es passieren, dass die Borte beim Nähen der zweiten Naht spannt.

VERSCHLÜSSE

Die meisten Gewandungen der Wikinger wurden gegürtet oder mit Fibeln/Broschen in Form gebracht. Es gab jedoch auch Oberteile, die mit Knöpfen versehen waren, bzw. bei denen sich der Tragekomfort durch Knöpfe deutlich erhöht, wie z.B. Kaftane oder Klappenmäntel.

Neben einem einfachen Zuschnitt von Holz- oder Lederscheiben ist auch eine recht einfache Herstellung aus Stoff möglich. Die kugeligen Knöpfe, die auf diese Weise entstehen, fügen sich harmonisch in ihren Hintergrund ein, sofern sie aus demselben Material gearbeitet sind.

Als Gegenstück zu diesen Knöpfen könnt ihr handgestickte Knopflöcher oder Garnösen benutzen. Beide werden auf eine ähnliche Weise gearbeitet. Wenn ihr die Garnösen in einer Falte verschwinden lassen wollt, benutzt Knopflochgarn, ansonsten bietet es sich hier an, einen Schussfaden aus dem Stoff zu ziehen und diesen zu benutzen. Garnösen sehen am besten aus, wenn die Saumkanten aufeinanderstoßen.

Garnöse

Solltet ihr sie überlappend bevorzugen, verwendet möglichst Knopflöcher.

Knopfloch

Beim Anfertigen von handgestickten Knopflöchern ist es wichtig, das Stoffstück immer so zu drehen, dass ihr stets aus derselben Perspektive auf die Stickerei blickt, dann wird das Stickbild gleichmäßiger und das Knopfloch schön rund.

Auch bei der Verwendung von Fibeln solltet ihr die Einstichlöcher mit einer Stickerei umfassen. So reißt der Stoff nicht aus und die gestickte Öse gibt der Fibel mehr Halt.

Farbige Besätze

Mit der Verwendung von farbigen Besätzen lassen sich schöne Effekte erzielen. Für diesen Zweck wird der Besatz aus einem andersfarbigen Stoff gearbeitet. Näht ihn mit der rechten, äußeren Besatzseite an die linke, innere Ausschnittseite an. Legt ihn dann nach außen um. Er kann nun per Hand mit Zierstichen umgenäht oder mit einer Brettchenborte besetzt angenäht werden.

Häufig werden für die Oberbekleidung auch Besätze aus Fellen angebracht. Unter Umständen ist es ratsam, statt eines Felles einen stark aufgerauten oder einen langflorigen Wollstoff zu nehmen, damit die Gewandung waschbar bleibt.

Flechtwerk und Fransen

Kordeln und Flechtziernähte sind eine günstige Alternative zu Brettchenborten. Mit angenähten Kordeln oder Flechten, die mit verschiedenen Fingerloopverfahren hergestellt werden, können sowohl die Säume als auch die Nähte kostengünstig verziert werden.

Häufig finden sich an Umhängen Fransenabschlüsse, die meist aus dem Gewebe selbst hervorgehen. Sollte euch die Möglichkeit fehlen, euch eine derartige Gewandung selber zu weben, gibt es zwei Möglichkeiten, Fransen anzubringen. Entweder ihr zieht Woll- oder Gewebefäden durch den Stoff und verknotet sie dann, oder ihr formt euch ein Fransenband und näht dieses auf. Die Naht könnt ihr dann mit einer Brettchenborte verbergen.

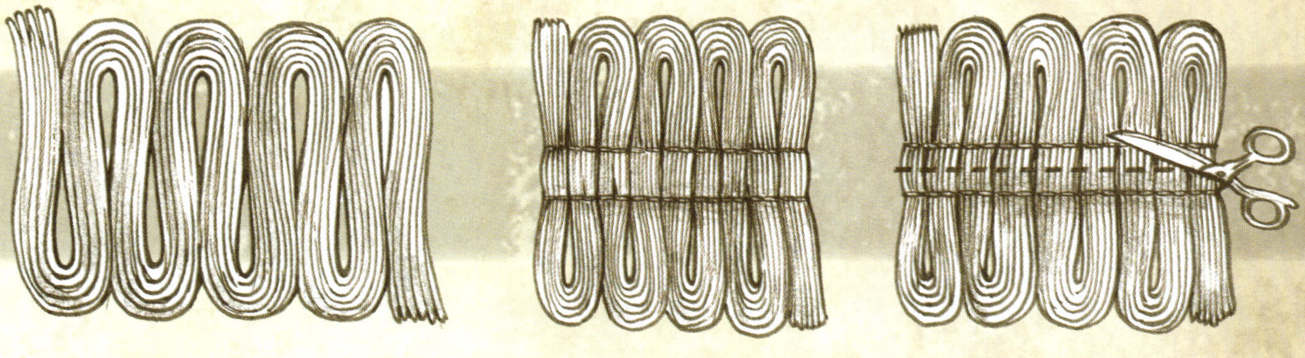

Fransen schneiden

Kordeln zum Verschließen von Gewändern lassen sich leicht herstellen. Schneidet hierfür einen Wollfaden in der vierfachen Länge der gewünschten Kordellänge ab. Knotet diesen an den Enden zusammen, so dass ein Endlosband entsteht. Hängt ein Ende z. B. über einen Haken in der Wand und steckt in das andere Ende einen Bleistift. Dreht das Band durch Drehen des Bleistifts auf, so dass es unter Spannung gesetzt wird. Nun haltet das Band in der Mitte fest und führt die beiden Enden zusammen.

Flickwerk

Eure historische Gewandung wird durchs Flicken und Stopfen besonders schön und wertvoll. Im Unterschied zu modernen Stoffen lassen sich Wolle und Leinen sehr gut wieder reparieren, wenn man sich ein Loch hineingerissen hat oder der Stoff durchs Tragen an einigen Stellen fadenscheinig geworden ist. Damit ihr eure mühsam angefertigte Gewandung nicht nach der ersten Exkursion durch dorniges Unterholz wegschmeißen müsst, wird hier kurz erklärt, wie ihr richtig flickt und stopft.

Wenn ihr einen Flicken zuschneidet, bemesst ihn großzügig, so dass ihr ihn an festem Gewebe annähen könnt und die fadenscheinigen Stellen komplett bedeckt sind. Stoff reißt immer an der dünnsten Stelle, und das wird vermutlich nicht der Flicken sein.

Stopfen funktioniert ähnlich wie Weben, zunächst werden die Kettfäden eingezogen und dann durch die Schussfäden, die im Wechsel oben und unten hindurchgeführt werden, zu einem Gewebe verfestigt. Hierbei muss das Grundgewebe stramm gehalten oder gespannt werden, z.B. mithilfe eines Stopf-Eis oder -Pilzes. Auch eine Suppenkelle ist dafür geeignet. Benutzt eine möglichst lange, schmale Stopfnadel. Gestopft wird immer von der linken Seite. Es ist wichtig, dass ihr mit dem Stopfen im heilen Gewebe beginnt, damit die Stopferei später das kaputte Gewebe vollständig bedeckt. Fasst beim Einziehen der Schussfäden immer ein wenig von dem kaputten Stoff mit, damit eure Stopferei nachher auch schön am Stoff haftet. Stopfen funktioniert nur bei kleinen Stellen, bei größeren Löchern ist ein Flicken besser geeignet.

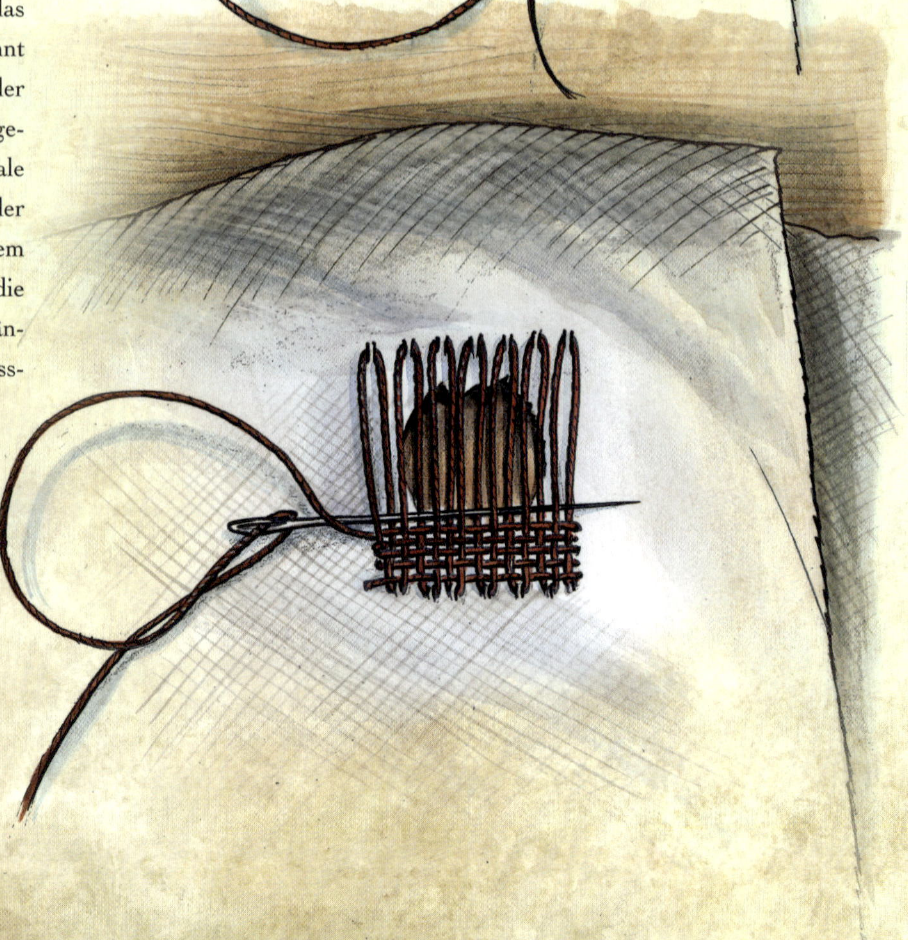

ZOTTEN

Eine interessante Möglichkeit zur Verzierung von Stoffen ist es, Zotten einzuarbeiten. Hierzu werden lange Tierhaare mit einer Näh- oder Häkelnadel ähnlich wie beim Teppichknüpfen in das Gewebe eingearbeitet. Dadurch entsteht eine fellähnliche Struktur, die besonders an Rändern oder Nähten gut aussieht.

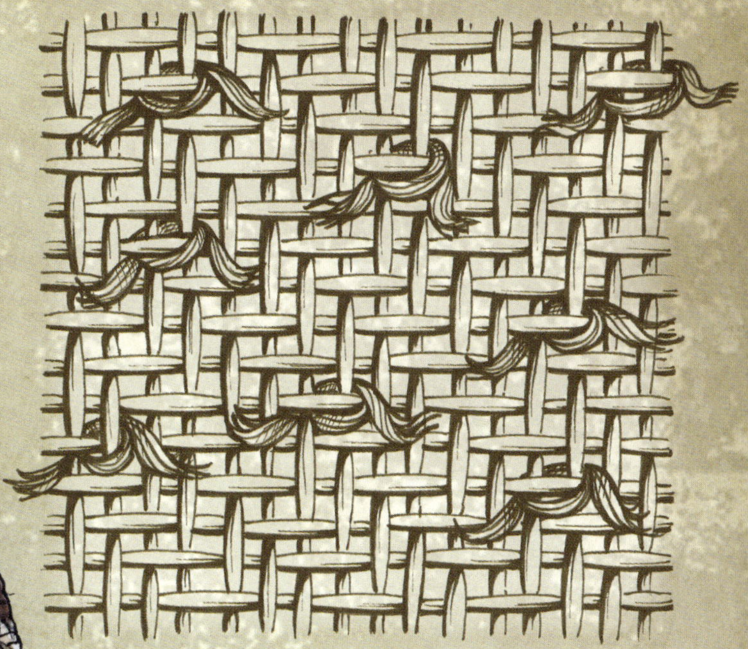

NAALBINDING

Naalbinding ist eine alte Technik, mit der ihr Gewirke herstellen könnt, die in ihrem Aussehen gestrickten oder gehäkelten Textilien sehr ähnlich sehen. Bei dieser Technik wird der Faden spiralförmig in Schlingenketten gelegt. Jede neue Schlinge wird durch einen Verbindungsstich mit den anderen verbunden. Anders als beim Häkeln oder Stricken wird aber der ganze Garnvorrat durch gelegte Schlaufen gezogen, weshalb die Technik des Naalbindings eher dem Sticken ähnlich ist. Im Unterschied zu gehäkelten oder gestrickten Gewirken ribbeln sich nadelgebundene bei einem gerissenen Faden nicht auf. Fürs Naalbinding benötigt ihr eine spezielle flache Nadel, die meist aus Holz oder Bein besteht und ca. 8–12 cm lang ist, sowie Wolle.

Mit der Naalbindingtechnik lassen sich Handschuhe, Mützen, Socken etc. herstellen.

NÄHLEXIKON

- **Abfüttern.** Manchmal bietet es sich an, Kleidungsstücke aus Wolle mit Leinen abzufüttern. Zum einen wärmen sie dann besser (besonders, wenn man sie noch zusätzlich mit Daunen füllt), zum anderen ist Leinen meist angenehmer auf der Haut zu tragen als Wolle. Ein Klappenmantel zum Beispiel lässt sich auf einfache Weise so füttern: Näht die Gewandung zweimal, einmal aus Wolle und einmal aus Leinen. Schneidet bei dem Leinengewand alle Säume 0,5 cm schmaler. Zieht beide Gewänder rechts auf rechts ineinander und steckt sie mit Nadeln zusammen. Dabei muss die Mehrweite des Wollgewandes ausgeglichen werden. Steppt sie an den Rumpfsäumen zusammen. Lasst die Ärmelenden offen. Wendet die Jacke durch die Ärmelöffnungen. Wem das zu fummelig ist, der kann an der rückwärtigen unteren Saumnaht ein Stück offen lassen und die Jacke bequem hier wenden. Näht das Ärmelfutter per Hand ein.

- **Abnäher abstecken.** Wendet die Gewandung auf links, steckt mit Nadeln zwei Nähte unterhalb der Brust ab, so dass die Taille betont wird. Ebenso könnt ihr mit der Rückseite verfahren. Zieht das Kleidungsstück vorsichtig aus und kontrolliert noch mal, ob die vorderen bzw. hinteren Abnäher gleichmäßig sind. Steppt die Abnäher ab und bügelt sie um.

- **Ärmel einsetzen.** Steckt die Ärmel zunächst an der seitlichen Naht und an den Schulternähten des Obergewandes fest, so dass die Nähte des Ärmels und des Obergewandes aufeinandertreffen. Dann steckt die Ärmelkugel mit weiteren Nadeln an der Öffnung des Armausschnittes des Obergewandes fest. Dabei setzt den Stoff der Öffnung etwas unter Spannung, während der Stoff der Ärmelkugel locker liegen sollte. Auf keinen Fall darf der Stoff der Ärmelkugel sich spannen. Solltet ihr mit dem „Dehnen" und „locker Anstecken" Schwierigkeiten haben, dann könnt ihr zu einem Hilfsmittel greifen. Zieht in die Ärmelkugel mit kleinen Stichen einen Heftfaden ein. Indem ihr den Faden anzieht, kräuselt bzw. wellt sich der Stoff mehr oder weniger. So könnt ihr die Weite der Ärmelkugel gleichmäßig regulieren. Diese Technik nennt man „Einhalten".

Angesteckter Ärmel

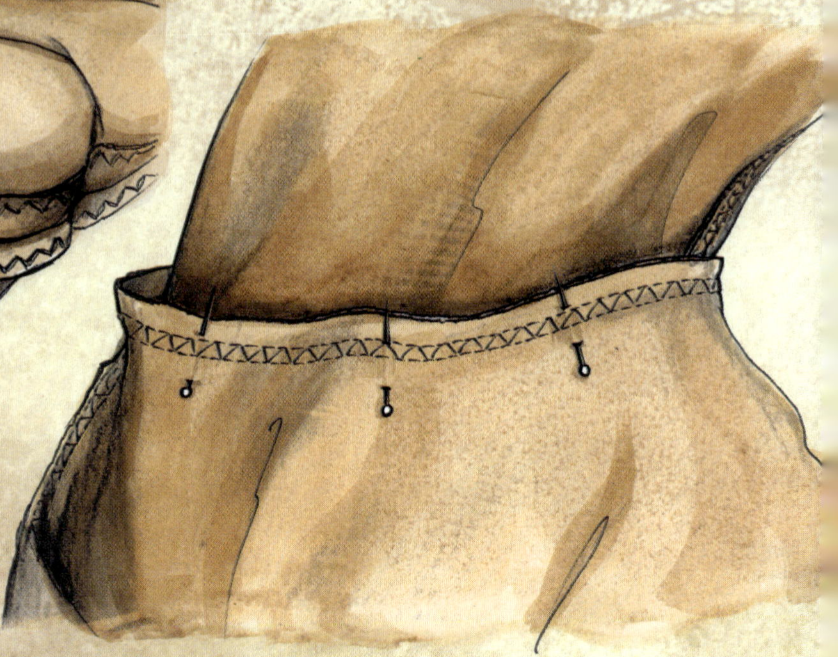

Angenähter Ärmel

- **Ausschnitt mit Schlitz.** Den Besatz am Schlitz schmal aufsteppen, dann die Nahtkante an den Ecken bis zur Naht einschneiden. Den Besatz nach innen wenden und festnähen.

- **Besatz.** Ein passgleiches Gegenstück, das bei runden Ausschnitten gegengenäht/verstürzt wird. Die Stoffteile werden nach dem Nähen gewendet, so dass die Naht innen liegt.

Ausschnitt mit Schlitz

- **Keile zuschneiden.** Schneidet ein Stück Stoff in der gewünschten Keillänge ab. Faltet den Stoff so, das er vierlagig liegt. Schneidet die Keile gemäß Bild zu. Ihr habt jetzt vier Keile, von denen einer an den Webkanten noch zusammengenäht werden muss.

Angesteckter Besatz

Zugeschnittene Keile

- **Keil einnähen,**

a) im Stoffbruch. Faltet den Stoff auseinander. Steckt eine Nadel senkrecht in die Falte des Stoffbruchs. Legt den Keil so an der Kante an, dass die obere Spitze die Nadel kreuzt. Steppt den Keil schmal an. Schneidet die obere Öffnung des Stoffs bis zur Naht ein. Wendet das Stoffstück und steckt die Nähmaschinennadel wieder an den Ausgangspunkt der oberen Naht ein. Steppt auch die zweite Naht ab. Dann zieht über beide Nähte einen schmalen, engen Zickzackstich.

Markierung für die Keilspitze

Einseitig angesteppter Keil

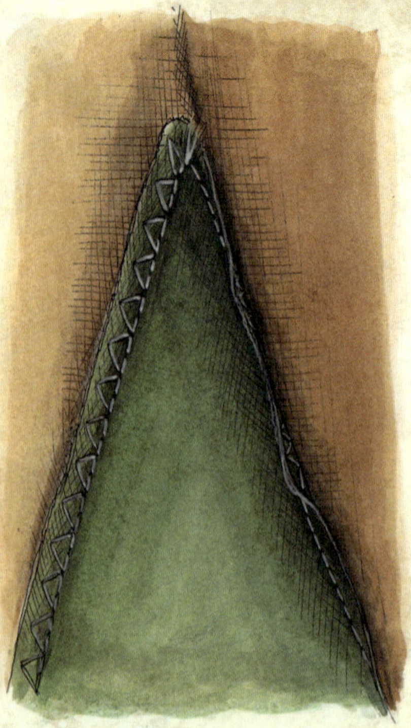

Fertiger Keil

b) an einer offenen Naht. Näht die Gewandung an den Nähten bis zur gewünschte Schlitzhöhe zusammen. Teilt die beiden Teile dann und näht jeweils eine Seite des Keils an.

Angesteckter Keil an einer offenen Naht

Fertiger Keil an einer offenen Naht

- **Nahtzahlen.** Gleiche Zahlen müssen bei Teilen, die zusammengenäht werden, aufeinandertreffen.

- **Passzeichen.** Passzeichen müssen bei langen Nähten beim Zusammennähen aufeinandertreffen und sollten mit Kreide oder Nadeln markiert werden.

- **Rechts auf rechts.** Die rechte Seite einer Gewandung ist immer die sichtbare. Mit „rechts auf rechts" sind also solche Teile gemeint, die an der linken Seite miteinander vernäht werden (siehe *Nählexikon: Verstürzen*).

- **Säumen.** Den Stoff an der Kante einmal umschlagen und bügeln. Dann die Nahtzugabe einschlagen und entweder mit der Nähmaschine absteppen oder per Hand festnähen.

- **Schlitze nähen.** Näht die Gewandung bis zur Schlitzmarkierung zusammen. Dann schlagt die erste Schlitzkante doppelt um und steppt sie fest. Verfahrt ebenso mit der zweiten Kante. Überprüft vor dem Säumen noch mal die Länge der Schlitzkanten.

- **Schulternähte nähen.** Schulternähte sollten nach dem Zusammennähen immer ausgebügelt werden, damit der Stoff glatt auf der Schulter aufliegt und nicht drückt. Insbesondere bei mehreren übereinander getragenen Gewandungen kann das sonst sehr unangenehm werden.

- **Steppnaht, absteppen.** Eine Maschinennaht, bei der alle Einstiche auf einer Linie gerade hintereinanderliegen. Die Steppnaht ist die gebräuchlichste Nahtform und wird für fast alle Näharbeiten benutzt.

- **Stoffbruch.** Der Stoffbruch ist die Kante, an der der Stoff gefaltet ist. Teile, die „im Stoffbruch" zugeschnitten werden, werden nach dem Zuschnitt auseinandergefaltet.

- **Versäubern.** Durch das Versäubern wird das Ausfransen der Kanten eines Stoffstückes verhindert. Im Allgemeinen geschieht dies durch das Umnähen des Stoffstückes mit einem Zickzackstich. Die Kanten können vor oder nach dem Zusammennähen versäubert werden.

- **Verstürzen.** Der Besatz wird rechts auf rechts auf den Ausschnitt schmal aufgesteppt. Die Kante muss vorsichtig an den Rundungen bzw. bei einem eckigen Ausschnitt an den Ecken bis zur Naht eingeschnitten werden. Vorsicht, die Naht darf dabei nicht verletzt werden. Danach wird die Kante versäubert. Der Besatz wird nach innen umgelegt, so dass er von außen nicht mehr zu sehen ist. Ihr könnt die Ausschnittkante dann schmal absteppen und eventuell eine Borte aufnähen, schöner ist es jedoch, die kurze Naht per Hand zu nähen. Nimmt man dafür ein etwas dickeres Lein- oder Baumwollgarn oder auch Sockenwolle (sollte maschinenwaschbar sein) in einer Kontrastfarbe, hat der Ausschnitt gleich eine schöne Verzierung.

Quellenverzeichnis und weiterführende Literatur

Archäologische Funde

Arwidsson, Greta: *Birka. Band 2: Systematische Analyse der Gräberfunde*. Stockholm, 1984.

Geijer, Agnes: *Birka. Band 3: Die Textilfunde aus den Gräbern*. Uppsala, 1938.

Hägg, Inga: *Ausgrabungen in Haithabu. Bericht 20: Die Textilfunde aus dem Hafen von Haithabu*. Neumünster, 1984.

Hägg, Inga: *Ausgrabungen in Haithabu. Bericht 29: Die Textilfunde aus der Siedlung und aus den Gräbern*. Neumünster, 1991.

Østergård, Else: *Woven into the Earth. Textiles from Norse Greenland*. Aarhus, 2004.

Schlabow, Karl: *Textilfunde der Eisenzeit in Norddeutschland*. Neumünster, 1976.

Geschichte

Banck, Claudia: *Die Wikinger*. Stuttgart, 2009.

Beckers-Dohlen, Claudia u. a.: *Karfunkel Kodex Nr. 1. Wikinger: Waräger, Nordmannen, Rus*. Wald-Michelbach, 2003.

Damm, Annette: *Aros: das Arhus der Wikinger*. Højbjerg, 2006.

Der Spiegel Geschichte 6: Die Wikinger, 2010.

Elsner, Hildegard: *Wikinger Museum Haithabu. Schaufenster einer frühen Stadt*. Neumünster, 1989.

Geo Epoche 53: Die Wikinger, 2012.

Schlabow, Karl: *Gewebe und Gewand zur Bronzezeit*. Neumünster, 1962.

Handarbeiten

Coss, Melinda: *Grundkurs Sticken*. Augsburg, 1997.

Ewing, Thor: *Viking Clothing*. Cloucestershire, 2007.

Krämer, Xenia / Störmer, Michael: *Das Buch der Gewandung. 2. Auflage*. Nürnberg, 1993.

Paschold, Heidrun u. a.: *Werkstoffe für textile Kleidung. 2. Auflage*. Leipzig, 1989.

Schnoor, Hartmut: *Nähen von A–Z*. Frankfurt/Main1996.

Zechlin, Ruth: *Werkbuch für Mädchen. 15., erw. Auflage*. Ravensburg, 1950.

Danksagung

Bei der Recherche für dieses Buch haben mir viele Menschen geholfen und geduldig meine Fragen beantwortet. Allen voran vielen Dank an meinen Ehemann Manfred, der mehrere Monate lang eine Frau ertragen musste, die geistig bei den Wikingern weilte und der dennoch alle Texte und vor allem die Zahlen geduldig korrigiert hat. Ein großes Dankeschön an die Mitarbeiter der Gemeindebücherei Wentorf, die für mich alte Bücher über Bronzezeit, Eisenzeit, die Wikinger und die Völker des Nordens ausgegraben haben. Vielen Dank an die Mitarbeiter des Birka Projects in Schweden, die mir wichtige Fragen beantwortet haben. Und natürlich an die vielen Reenactor, insbesondere jene aus den wunderschönen Freilichtmuseen Bork Havn und Ribe in Dänemark und Haithabu, sowie an die Mitglieder des Großen Heeres, die mir ihre Gewandungen gezeigt und erklärt haben. Auch bei Tatjana Dürkopp von *Wikingerzeit*, die mir Tipps gegeben und mir erlaubt hat, einige ihrer Brettchenborten für das Buch abzeichnen zu lassen, möchte ich mich hiermit bedanken. Vielen Dank an Lena Richter für das geduldige Probelesen. Und vielen Dank an alle, die meine Vorlagen zu einem Buch haben werden lassen …

EBENFALLS BEI Zauberfeder

Kleidung des Mittelalters selbst anfertigen

Kopfbedeckungen für Mann und Frau

64 Seiten, 21 x 29,7 cm, hochwertige Klappenbroschur,
ISBN 978-3-938922-13-2

Schuhe des Hoch- und Spätmittelalters

80 Seiten, 21 x 29,7 cm, hochwertige Klappenbroschur,
ISBN 978-3-938922-24-8

Grundausstattung für die Frau

64 Seiten, 21 x 29,7 cm, Hardcover,
ISBN 978-3-938922-04-0

Grundausstattung für den Mann

64 Seiten, 21 x 29,7 cm, Hardcover,
ISBN 978-3-938922-05-3

WWW.ZAUBERFEDER.DE

VERSANDKOSTENFREI BESTELLEN UNTER

WWW.ZAUBERFEDER-SHOP.DE